Parenting
with
Love and
Wisdom

这样爱你刚刚好，我的九年级孩子

朱永新 孙云晓 孙宏艳 主编

蓝玫 副主编　孙宏艳 本册作者

湖南教育出版社

编 委 会

把幸福还给家庭（代序）

父母的教育素养，直接影响甚至决定着孩子的发展。

在教育中，家庭是成长之源。一个人的一生有四个重要的生命场：母亲的子宫、家庭、学校和职场。其他三个场所随着时间改变，家庭却始终占据一半的分量，是最重要的场所。孩子的成长，最初是从家庭生活中得到物质和精神的滋养。人生从家庭出发，最后还是回到家庭。

在家庭教育中，父母的成长是孩子成长的前提。家庭教育不只是简单的教育孩子，更是父母的自我教育。没有父母的成长，永远不可能有孩子的成长。与孩子一起成长，才是家庭教育最美丽的风景，才是父母最美好的人生姿态！抚养孩子并不仅仅是父母的任务，也是父母精神生命的第二次发育。对孩子的抚育过程，是父母自身成长历程的一种折射。如果父母能够用心梳理孩子的教育问题，就能回顾和化解自己成长中出现的问题，就能实现精神生命的第二次发育，再次生长。

过一种幸福完整的教育生活，是家庭教育的根本朝向。"幸福"不仅仅是教育的目标，更是人类的终极目标。幸福教育是幸福人生的基础。新教育实验的理想，就是让人们快乐、自主地学习，真正地享受学习生活，发现自己的天赋与潜能，在和伟大事物遭遇的过程中发现自我、成就自我。教育本来就是增进幸福的重要途径。挑战未知，合作学习，应该是非常幸福的。所以，家庭应该和学校、社区一道，努力创造让孩子幸福成长、快乐学习的环境。把童年还给孩子，把幸福还给家庭，是我们这套教材的核心理念。

"完整"的内涵比较丰富，但最重要的精神就是让孩子成为他自己。现在教育很大的问题，就是用统一的大纲、统一的考试、统一的评价，把本来具有无限发展可能的人变成了单向度的人。我们的教育是补短，就算把所有的短补齐了，也只是把所有的孩子变成一样了，而不是扬每个孩子所长。其实，真正的教育应该扬长避短。人什么时候最幸福？发现自己才华，找到自己值得为之付出一生努力的方向，能够痴迷一件事情，实现自己的梦想，一个人在这时才是最幸福和快乐的。这就是新教育所说的完整幸福。

如今，教育是父母最关注的问题，但家庭教育却在父母的焦虑中常常脱离了正确的轨道。为了"幸福完整"这一目标，我们的父母应该建设一个汇聚美好事物的家庭，自身也应该成为美好的人，从而帮助孩子成为更好的自己。

理念比方法更重要，但并不意味着方法没有价值，相反，只有好的方法才能让好的理念真正落地。因此，我们邀请了知名教育研究机构的相关专家，精心编写了这套新父母系列教材。这是国内第一套从孕期开始直到孩子成为大学生的父母系列读本，希望能够为不同年龄、不同阶段孩子的父母提供蕴藏正确理念的有效家庭教育方法。

父母对孩子的爱，再多也不嫌多。父母如何爱孩子？随着时代的变迁，方法也在不断改变。如何才能更好地爱？我们以"智慧爱"的理念，探索着充满智慧的、恰到好处的爱的方法，对此还在不断研究之中，这套书也会不断修订。希望广大父母读者及时提出意见与建议，让我们一起完善这套书，让我们对自己、对孩子、对世界，都能爱得刚刚好。

朱永新

2017年6月16日写于北京滴石斋

目 录

1

家有少年已长成

1. 生理发育驶入快车道

　　紫琪上九年级以后，妈妈经常悄悄打量女儿，心里不停地嘀咕："这孩子怎么长疯了啊？"女儿比八年级时长高了 10 多厘米，体形也发生了巨大变化。她长胖了！从上初中到现在，她增重了差不多 15 公斤！看着"虎背熊腰"的女儿，妈妈除了发愁还有困惑：孩子上九年级，正是长个儿、用脑的时候，不敢控制她的饮食啊，照这么疯长下去，会不会不像个女孩样儿了？

　　很多父母看着孩子体形的巨变，都有着和紫琪妈妈一样的担心。父母之所以忧虑，是因为不了解。这时，孩子们往往也不了解自己，他们觉得自己似乎一夜之间变得硕大、笨拙、沉重、臃肿，因此经常躲在浴室里照镜子，或者看见喜欢的蛋糕和巧克力也不敢品尝。如果父母和孩子了解青春期的成长变化规律，就会坦然面对发育第二高峰带来的冲击。

成长密码	具体表现
身高发育高峰持续到 15 岁左右	◇青春期是生长发育的第二高峰，多数孩子每年增长 10 厘米左右 ◇女生大多发育比男生早，女生的身高增长大多从 9 岁开始，男孩从 11 岁开始
体重一般每年增长 5~6 公斤	◇到了青春期，孩子的体重增加非常明显 ◇一般来说，每年要增长 5~6 公斤，也有的孩子每年增长 8~10 公斤
性生理基本发育成熟	◇大部分女孩已经经历了月经初潮，男孩也有了首次的遗精 ◇孩子的性心理开始萌动，这一时期是孩子的性意识发育最快的时期 ◇生理发育上女生早于男生，但是在性意识萌动上，男生却早于女生
男孩的运动能力更成熟	◇孩子们看起来更善于运动了，动作更协调 ◇男女生的运动技能出现了明显分化，男生看起来运动技能更成熟

用积极喜悦的态度接纳孩子的变化

父母的恐慌往往来源于不了解。有的父母明明心里很期待孩子的成长，对青春期也充满憧憬，但是当孩子真的显现出了青春期的发育特征，父母表达的语气却是消极的。例如："唉，孩子这么早就来月经了，以后肯定不能再长个儿了。""胸太大了，穿衣服不好看，跟中年妇女似的。"父母这样的态度会让孩子感觉发育不是好事，而是一件非常让人烦恼、害羞的事情。因此，有的女生喜欢含胸走路，不敢挺胸抬头；有的女生来月经了不敢让同学知道，一个人偷偷摸摸去厕所。建议父母要用喜悦的心情迎接孩子的改变，让孩子知道，青春期来了，一生最美的时光已经启程。

对孩子的早熟或晚熟泰然处之

孩子的发育也和庄稼一样，有的发育早，有的发育晚，并不是同样的节奏。有的父母看见自家儿子没有人家孩子长得高就发愁，或者看见自家闺女胸部早早隆起也担忧。生长发育与遗传有密切关系，孩子的发育速度也受遗传影响，而且还会受到生活条件等方面因素的影响。父母不要把孩子的生长发育也作为与别人家的孩子竞争的项目，要对孩子的成长泰然处之。同时，父母还要引导孩子用积极的心态去迎接青春期的生理发育变化，接纳自己的发育速度，自信地面对生活。

2. 抽象思维迅速发展

爸爸妈妈觉得紫琪进入初中以后越来越不好管，尤其是上了九年级，就像头上长角身上长刺一样，想说服她简直难上加难。原来只要告诉她结果就行的事情，现在费尽口舌也难以让她服气。例如，紫琪经常晚上睡得很晚，早上起床又费劲，爸爸就想劝她每天早点儿睡。

爸爸："晚上睡太晚了对身体不好，影响健康和记忆力，白天上课也没精神。"

紫琪："就算晚上睡得早，我早上也起不来，还不如晚上多学会儿呢。再说，我白天上课挺精神的。"

爸爸："你现在成绩一直上不去，就是和睡眠有很大关系。"

紫琪："你这么说是不公平的，我们班同学还有睡得比我晚的呢，你不知道我们同学晚上都在上网呢！"

紫琪之所以看起来爱犟嘴、很难管，主要是因为随着年龄的增长，紫琪的思维发展到了一定阶段，这个阶段就是我们常说的抽象思维阶段。

成长密码	具体表现
更爱争辩	◇思维推理能力增强了，语言也发展到了一个高峰 ◇具有了更强的反思能力，推理能力也有了较大幅度的提高 ◇当谈论一个问题，尤其是那些管教他们的问题时，孩子更愿意用辩论战胜父母
更挑剔	◇出现理想化的特点 ◇变得更爱挑剔，甚至达到吹毛求疵的程度 ◇经常认为父母不尊重他们
易冲动	◇理想化的倾向使他们很乐意构建一个超越现实的计划或目标 ◇缺乏经验，成长经历并不丰富导致认知偏颇 ◇常常缺乏足够的知识去判断、预期他们的决定
对批评格外敏感	◇有着强烈的自我意识，经常自认为是焦点，大家都在关注着他 ◇易以自我为中心，从而对自己的处境特别在意，也总是觉得自己独一无二 ◇如果被批评会觉得自尊心大受打击，情绪一落千丈

小贴士

在一项关于五年级、八年级、十一年级学生的研究中发现，批判性思维随着年龄的增长而增强。但只有43%的十一年级学生具有批判性思维能力。可见，青少年期是批判性思维发展的一个重要过渡期。

——摘自约翰·桑特洛克《青少年心理学》

积极有效的争辩有利于刺激思维

孩子喜欢争辩，看起来爱犟嘴，并非是坏事。首先这是孩子自我意识觉醒的表现，其次这是孩子展示、发展思维能力的机会。父母不要因为孩子有不同的意见、对父母的安排不服气就很生气，只要不是无意义的争吵，父母都要平心静气。并且，父母可以在家庭生活中讨论一些有趣的话题，引起孩子的思考与争论，这样更有利于促进孩子的思维发展。

孩子有缺点要私下里指出

既然孩子对公开的批评、指责非常敏感，父母就要特别注意维护孩子的自尊心，在发现孩子的问题时，尽量在单独相处的时候指出，而不要公开批评。如果是公开场合必须对孩子说的问题，可以通过眼神、手势或者短信等方式给孩子指出来，这样既有利于孩子改正缺点，也能让孩子愉快地接受父母的帮助。

鼓励孩子去尝试与体验

对自我的过度关注，易使孩子在人际关系中比较紧张，有的表现为退缩，生怕在众目睽睽之下出现尴尬的局面。父母要引导孩子多发现自己的长处，多放手让孩子自己去体验和尝试，让孩子在不断试错的过程中增长信心，增强能力。

引导孩子从不同角度看问题

爱挑剔、喜欢吹毛求疵虽然看起来是坏毛病，但是也给了孩子更大的提升空间。当孩子发现生活中的不如意或他人的不足时，会想办法去避免或改变。父母要多引导孩子，使他们能够从不同角度看问题，既看到他人的不足，也看到他人的长处。换个角度看问题，才能让孩子学会在理想与现实之间找到平衡点。

不要替孩子做决定

孩子缺乏决策力，与他们的年龄特点有关。父母不要心急地替孩子做决定，这样会阻断孩子的经验积累与体验反思。父母可以给孩子一些有效的建议，或者为他提供一些可供参考的信息，让孩子在各种信息中不断比较，在各种尝试中不断体验，从而自己做出决定。这样，孩子的决定便是成长的结果。

3. 心理矛盾更加激烈

周末，紫琪放学回来就钻进了卫生间，一个小时了还没出来。等她出来后，妈妈"炸锅"了。原来，紫琪在卫生间里把头发染了！这还不说，居然染了三个颜色，黑色、红色和灰色！妈妈越看越生气，一下子把紫琪拽过来说："你周一怎么上学啊？不怕违反校规啊？再说了，这像个什么样子？一看就不是好女孩的样儿，就是一个街头小混混的模样！"

紫琪不服气："我就染个头发怎么了？我们同学还烫头发呢！我怎么就不是好女孩了？我又没吸毒，也没赌博，更没和别人乱来！"

紫琪妈妈既伤心又上火，不明白这青春期的孩子为什么这么逆反！

生理上的快速发育和思维能力上的飞跃式发展，使九年级孩子有着强烈的自我探索的愿望，他们开始把注意力转向自我，他们要知道"我是谁""我能干什么""未来我会成为什么样的人"。同时，他们也把目光集中到他人身上，在与他人的比较中确定自己的独特性。寻找自我、发现自我，成了孩子在青春期的重要任务。

成长密码	具体表现
成人感更强烈	◇身体的迅速发育使孩子有了长大的感觉 ◇"您别管了""我自己的事情我自己做主"成了口头禅 ◇如果父母过度干涉，他们会选择叛逆，比如顶嘴、吵架，还有的孩子想用离家出走来表示抗议
内心世界更丰富	◇对生活中的新鲜事物充满好奇与热情 ◇审美容易受到偶像的影响 ◇媒体上宣传的时尚潮流能引起他们比较大的兴趣
自我意识更强	◇常常觉得有两个自我，一个是现实中的自我，一个是理想中的自我 ◇在意"公开的自我"，即对外貌、行为等更关注
常感到自我怀疑	◇看问题的角度更加多样化 ◇对过去认定的那个自我产生了怀疑 ◇学业压力大，更易产生自我怀疑的心态
叛逆心理更盛	◇行为出现双重性，既像孩子又像大人 ◇心智并未完全成熟，激烈的心理冲突让叛逆心理更加强烈

小贴士

在人的一生中，通常会出现三次叛逆期。其中，第一次叛逆期在 2.5~3 岁，从小乖乖变成小恶魔，凡事喜欢说"不"；第二次叛逆期会在 7~9 岁之间，孩子不适应小学生活，仍想以幼儿的方式生活；第三次叛逆期会在孩子 12~15 岁期间，孩子的视野和见识变得开阔，他们想以社会的方式去对待一切，但是成人大多不适应，因此产生对抗。

把孩子看作独立的个体

"把孩子看作独立的个体"说起来容易做起来难，虽然孩子已经上九年级了，但是孩子在父母眼里永远是孩子。多数父母难以平等地对待孩子，难以支持孩子的独立要求。尤其是在面临九年级中考这一年，父母更是对孩子呵护有加。呵护也带来要求，父母总想多给孩子些帮助，让孩子多听大人的话，这样便可能造成两代人的冲突。面对要求独立、内心成人感爆棚的中学生，父母首先要做的是把孩子看作独立的个体，给孩子独立的空间。

换个角度思考孩子的叛逆期

我们常说"叛逆"这个词，仅从词语的角度来看里面包含着不平等，其含义是孩子反叛了，逆着父母的意思去做事了，所以我们把这样的一段时期称为"叛逆期"。这个词语的视角是以成年人为主体地位的，它隐含的意思是成年人是对的，成年人说了算，如果不按照成年人要求的轨迹去做事，就是"逆反""叛逆"。但是，孩子所做的事情绝大多数并不是错的、坏的，他们只是按照自己的行为方式和思维方式去做事而已。所以，父母不要简单地理解和面对孩子的叛逆。

不给孩子贴上负面标签

在父母看来，青春期代表着成长发展与生机勃勃，代表着旺盛的精力和未来无限的可能。当然，青春期也代表着顶嘴、不听话、叛逆。因此，一些父母经常给孩子贴标签，例如，常把"青春期""叛逆"等词语挂在嘴上，孩子的不同想法、不接受意见、自作主张的做法，都被父母贴上"叛逆"的标签。但是，孩子常常很不喜欢这个词语，他们甚至不喜欢"青春期"这个词，因为在孩子看来，青春期意味着矛盾、紧张、冲突、压力、作业、考试……所以，无论孩子处于成长的哪个阶段，父母都要欣然地接受这个阶段的到来，不给孩子贴上负面标签。

无论孩子多么叛逆都不放弃

麦家是当代著名的小说家和电影电视编剧。他的作品《解密》《暗算》《风声》都非常有名气，小说《暗算》获第七届茅盾文学奖，作品被译成30多种语言。他在小时候因为父亲打他而产生叛逆心理，17岁便离开了家……在35岁之前，麦家一直把父亲当仇人看待。2012年父亲去世后，麦家忏悔了与父亲的对抗，他在父亲去世一周年时写了《致父信》，发表在《南方周末》上，引起了非常大的轰动，感动了很多人。

麦家当了父亲之后，也和爸爸一样面临着儿子的叛逆。但是，他理解了儿子的那份孤独和迷茫。当儿子要留学离开家的时候，他给儿子写了封信，并附上 2000 美金。等到儿子的飞机落地了，他忐忑地发去信息问，有没有找到钱？

儿子说有。

隔了许久，他又小心翼翼地问，还有看到别的吗？

麦家盯着手机，一直没有等到儿子的回话。

过了许久，儿子给他发了两个流泪的表情。

这两个表情把他的眼泪逼下来了。儿子终究懂得了父亲的爱。

就像麦家说的：陪伴孩子，像陪伴一头老虎，得小心翼翼。面对孩子的"挑衅"，父母要做的是坚持、忍受，陪伴孩子走过那段孤独又困惑的时光。孩子终究会完全懂得父母的爱。

与孩子的关系要亲密而有间

孩子越是到了叛逆期，父母越要和孩子形成良好的亲子关系。有父母问：什么样的关系才算良好？简而言之，就是亲密有间。既关系和谐又彼此保留一些空间。家庭教育中关系的建立很重要。孩子的青春期中，父亲尤其不能缺席。有的父亲认为孩子长大了，尤其是女儿长大了，父亲不好再靠得太近。然而青春期的男孩需要与父亲做朋友，从父亲那里感受到信任与支持，青春期的女孩则更需要父亲的关注与爱。

4. 同样面临人生转折期的父母们

心理咨询师王裕茹曾经在她的作品《父母心情》中讲过这样一个案例：

张先生前后为女儿求询了三次。第一次问为什么女儿不能门门功课成绩都优秀。第二次问女儿的成绩为什么在中等偏上的程度上凝固了，再进半分难上加难。第三次张先生显得很焦虑，他说女儿目前的学习状况每况愈下、不进则退，并且还特别逆反，脾气越来越大。

每次张先生都说要让女儿前来求询，但最后来的总是张先生自己。

时隔半年，女儿小红终于来了。她刚出国游学回来。"父亲的焦虑远隔重洋每天准确无误地传达给了千里之外的我。"小红委屈地诉说。

父亲每天晚上9点，必要与女儿在网上互通信息。假如女儿不在，父母规定她随身携带的手机便会响个不停。

父母知道女儿交往的每一个同学、朋友，指示她什么派对可以参加，什么不可以参加。

父亲不但干预她的日常生活，还严格控制小红的学习方式。比如，他规定女儿这一个月要通过某考试，小红通过了，刚刚想喘一口气，父亲的指令又来了："下个月，你一定要再拼搏，再上一个台阶，你就能站住脚了……"

从这个案例里看到，这位负责任的父亲，给了孩子太多的控制。父亲人到中年，对自己的未来没有更多打算，一心想着怎样让女儿更优秀。

联合国教科文组织认为43~45岁是人的生理发展出现剧变的年龄，和青春期一样，生理剧变也会引起心理剧变，因此，联合国教科文组织把44岁确定为青年和中年的分界点。这也意味着多数九年级孩子的父母正在或已经走进中年。

成长密码	具体表现
生命曲线下跌，责任曲线上升	◇身体机能即将或已经开始出现衰减的苗头 ◇工作责任越来越重，家庭负担越来越大
心理上出现新的矛盾聚集期	◇心智虽然更成熟更稳当，但是认知能力逐渐开始下降 ◇责任心虽然更强，但是身心能力需要充电 ◇对孩子、自我、生活的期望"很丰满"，但是现实可能"很骨感"
思维更深刻透彻也更贫乏迟缓	◇思维发展速度变得缓慢，思维逐渐出现贫乏、迟缓、缺少创新等特点 ◇不太喜欢接受新事物，比较因循守旧、古板保守
情感更深沉内隐也更敏感多疑	◇情感表达上大多能沉着老练，有着较强的内隐性 ◇更敏感多疑，善于对他人察言观色，对他人的一些行为或语言比较挑剔
性格发展成熟也易安于现状	◇性格已经发展成熟，基本"定性" ◇易安于现状，少了一份冒险精神 ◇易出现家庭危机

父母需要毕生发展

父母的自我发展与孩子的成长一个都不能少。父母既要照顾好青春期的孩子，也要照顾好中年期的自己。要想孩子优秀，父母先要优秀；要想孩子的人生精彩，父母的人生先要精彩。所以，建议父母不能"有了孩子没了自己"，要有发展意识，把自我的成长看得与孩子的成长一样重要。

把自己作为生活重心

做父母的人，不要把配偶或孩子作为自己的生活重心，要有自己的生活目标和生活乐趣。父母可以为孩子的成长鼓劲、欢呼，但不要把孩子的目标当成自己的目标。

如果父母所做的一切都是为了孩子，不顾自己的生活和需要，那么父母教给孩子的是牺牲自己、取悦他人。这并不是一种好的养育方式，也不是一种合理的价值观。父母想让孩子未来的人生独立、满足、幸福，就要放弃"一切为了孩子"的念头，不仅让孩子看到父母的价值，也给自己一片天空，给自己退一步的余地。父母的心态轻松了，孩子的心情才能放松。

假如过去几年来，你最大的喜悦完全来自于子孙或是配偶的成功和快乐，那么你自己的生命便显然缺乏足够的真实刹那，你完全是为别人而活。我说的不是不能以你所爱的人为荣，或是和他们在一起时心情很愉快，我指的是不要让别人成为你生活的重心，而把"自己"丢在一边。

——美国人际关系专家、畅销书作家芭芭拉·安吉丽思

抽出时间丰富自己的心灵

要克服中年危机，父母要不断学习，了解新思想，掌握新技能，要在孩子面前保持魅力，不断丰富自己的心灵，做心灵丰富、充满吸引力的父母。父母把孩子放在越重要的位置上，孩子往往越想逃离父母。

做心态成熟稳定的父母

每个人都有情绪，正面的和负面的，但身为父母，有责任要经常向孩子传达积极的、正面的情绪，而不是经常给孩子带来消极的、负面的情绪。因此，父母要关注自己的情绪，并且学会情绪疏导的方式，管理好自己的情绪。只有父母心态成熟，情绪稳定，才能和

孩子一起过好九年级这一年。

回顾与思考

1. 孩子上了九年级以后变得更爱打扮，您会责备孩子浪费学习时间吗？

2. 九年级的孩子特别爱顶嘴爱挑剔，父母应该怎么办？

3. 孩子有时表现出目空一切的样子，有时又特别自卑，为什么会这样？父母应该怎么引导？

4. 父母在孩子面前怎样才能既亲密又有威信？

5. 人到中年如何调整自己的心理落差？

第 二 章

良好的亲子关系
比教育更重要

2

1. 亲子冲突是亲子关系需要转型的信号

亲子冲突几乎是与青春期同时到来的疼痛，是亲子关系需要转型的信号。所谓亲子冲突，就是发生在父母与子女之间，因为双方认知、态度、行为、价值观等不同而产生的对抗。

成长密码	具体表现
亲子冲突不可避免	◇九年级的孩子独立意识、逆反意识大大增强 ◇父母与孩子的"步伐"不一致，仍把孩子当小孩看待 ◇亲子冲突是孩子长大的信号，是亲子关系需要转型的提醒
亲子冲突的高峰期发生在 14~16 岁	◇青春期的亲子冲突在青少年早期呈上升趋势，在青少年中期保持较高水平，在青少年后期呈下降态势 ◇亲子冲突也有积极意义。孩子在与父母的对抗中发展了个性与独立意识，在情感上发展了与父母分离的勇气，在交往上学会了处理问题和控制能力
民主型家庭有利于缓解冲突	◇民主型教养方式下长大的孩子，大多适应性强、心境积极 ◇在民主型的教养方式下，父母与子女是平等的，两代人互相尊重
亲子关系及时转型有利于减少冲突	◇聪明的父母要把与孩子建立和谐的关系放在首位 ◇家不完全是讲对错的地方，家是父母与子女一起感受幸福的地方

家庭教养方式是指父母抚养子女的过程中表现出来的稳定的行为方式，由父母的教养观念、教养行为等组合而成。通常，我们将家庭教养方式分为民主型、专制型、溺爱型和放纵型。

父母要先退一步

发生亲子冲突，如果得不到及时解决，势必会影响亲子关系。两方发生冲突，无论对错，总会给双方带来坏情绪，也无形中增加了父母教育孩子的难度。面对孩子随时都有可能抛过来的不定时炸弹，父母要先做拆弹专家。

生物学的观点认为，青少年生理上的成熟是导致其行为突然改变和亲子关系紧张的原因。著名心理学家劳伦斯·斯滕伯格也认为，青春期生理的发展唤醒了青少年内在的敏感性，从而导致了更为频繁和严重的亲子冲突。父母要理解孩子面临青春期这一特殊阶段的生理、心理特点，先退让一步，给青春期让路。

"三步法"及时停止亲子冲突

劳拉·马卡姆是美国著名的家庭教育专家、哥伦比亚大学临床心理学博士，她是"平和式教育法"的创始人。针对亲子冲突，劳拉建议父母要做三件事及时终止与孩子之间的冲突。

停止：父母要先及时闭上嘴，停止与孩子的争辩、争吵。

放下：暂时不谈论、不考虑争吵的具体事情，先转身去做别的事情。

呼吸：用深呼吸法深深地呼气、吸气，放松情绪。

寻找时机疏导双方的不良情绪

退一步，闭上嘴，这只是暂时停止了冲突。但是引发父母与孩子冲突的问题并没有真正解决。如果就此压在心里，势必会形成更加不良的情绪，会越积越多，形成恶性循环。所以，冲突之后还要有效疏导不良情绪。

在这方面，父母仍然要先行一步。这是因为青春期的孩子大多难以控制情绪，更缺乏处理不良情绪的方法，他们要么选择逃离到一边去玩游戏，对父母的话不理不睬，要么选择敌对的方式，与父母面红耳赤地对峙。先稳定自己的情绪、主动对孩子表达歉意、接纳孩子的感觉、倾听孩子的理由等，都是缓解不良情绪的好办法。

多用"我"信息，少用"你"信息

青春期的孩子特别希望得到尊重，父母要学会用尊重的态度对待他们。对孩子的一些问题，不要以指责的语句开始沟通的话题。例如："你总是不收拾房间……""你从来都不知道主动学习……"这些话语很容易引起青春期孩子的反感，从而形成对立与冲突。父母可以多用"我"字开头来描述自己的感受。例如，"我看到你经常晚上玩手机，我很担心你的眼睛，这样会不会让眼睛使用过度……"通过这样的语句，可以引发孩子与父母的沟通，而不要像法官一样先判个对错高低。

小贴士

在温暖、支持的家庭气氛中，亲子之间分歧较少；

在充满敌意、强制的家庭气氛中，亲子之间互相抱怨，对分歧采取回避态度，冲突较多；

亲子冲突发生的频率越高，父母对孩子掌控得越严格，孩子产生抑郁、焦虑负面情绪的可能性就越大。

2. 良好的夫妻关系是家庭的"定海神针"

一位心理医生在咨询时，发现一位九年级的女生在日记中记录了幻想虐待母亲的感受。这位女生在日记中写道："……又开始了！看着她一张一闭的嘴，我真想拿块大胶布把它封死。然后，再把她绑在椅子上，让她听我说……""……每当这时，我就想，头上的吊灯怎么不掉下来？最好砸到她头上，把她砸晕了，再也不用来说我了……""今天早晨，我起床晚了。她从我穿衣服起开始唠叨，说我是懒骨头，不求上进……她一直唠叨到我端起饭碗。看着眼前这碗滚烫的稀饭，我真想把它拿起来，扣到她头上。想象她满脸淌稀饭，烫得直叫的样子，我笑了。她瞪着眼睛看我，不明白我为什么发笑……"

女孩的妈妈哭得很伤心，她说自己所有的生活都是为了孩子，没想到孩子却这么对她。

经过心理医生的咨询、分析发现，女孩之所以写了"虐待日记"，并总是纠缠着妈妈，正是因为在她的家庭中，妈妈和爸爸的关系紧张。

一谈到亲子关系，我们总是只想到父母与子女之间的关系。但是，家庭系统理论告诉我们，夫妻关系、父母与祖辈的关系、父母与兄弟姐妹的关系等，也会影响到家庭教育的质量。

成长密码	具体表现
有好的夫妻关系才有好的亲子关系	◇在各种关系里，毫无疑问夫妻关系是核心 ◇父母双方任何一方与孩子的关系过于密切，孩子则有可能要么被娇生惯养，要么被过度干涉
平衡的婚姻格局对孩子成长有益	◇在夫妻关系不平衡下长大的孩子大多缺少心理缓冲空间 ◇平衡的婚姻格局能激发孩子的动力，使孩子幸福感更强，压力更小
三代同堂家庭，夫妻关系也要排第一位	◇夫妻才对这个家庭的生活、养育最有发言权 ◇很多家庭里夫妻常常最没有位置，上要听老的，下要听小的，唯独没有自己 ◇如祖辈关系排第一位，易导致祖辈过多干涉对孙辈的教育

小贴士

"母子结盟"常常是经久绵长、无坚不摧的。这样的母子关系可能会是男人心中无穷的烦恼。你和太太红脸的时候，就能从孩子的眼中读到恐惧或是愤怒，你叫他"宝宝"的时候，他会扭头不理你，甚至不再管你叫爹。如果你有心要给孩子一些苦头，找孩子的一些别扭，你立即会发现自己陷入一种困境，因为任何对孩子的不满都自然地归因于太太，本是一腔的好意转眼就成了驴肝肺。

——摘自李子勋《家庭成就孩子——李子勋的后现代亲子课》

要把家庭看作系统去维护

人们在讨论如何做好父亲或好母亲时，往往脱离整个家庭关系来谈论，仅仅指出男人应该做什么，或女人应该做什么。然而这是不公平的，一个家庭毕竟由父亲、母亲、孩子共同构成，男人成长为一个好父亲，女人成长为一个好母亲，与配偶有着密切的关系。一个家庭中父亲和母亲大多分工协作来完成对子女的教育任务。只有父母合作，才能使任务进展顺利。而是否协调得好，取决于夫妻是否相互爱护、相互照顾，夫妻关系是否和谐。很多研究都表明，夫妻关系和谐融洽，互相尊重互相爱护，丈夫才有可能更好地帮助妻子扮演好母亲的角色，妻子也能更好地帮助丈夫扮演好父亲的角色。

夫妻间要互相补台

我们常常希望父亲显示出男子汉气概，这样才能更好地成为孩子的榜样。但是，男人是否能够成为大度、温和、宽容的人，关键在于妻子。当夫妻恩爱，感情笃定，丈夫往往对家人充满爱意，更容易温和地接近孩子，呵护家庭。如果母亲能在孩子面前多为父亲树立威信，把父亲看作家庭的核心，则会激发男人心中的自信和保护欲望。即使父亲每天很忙，很少在家，但是母亲对父亲的赞赏、信赖、支持等，也会使孩子对父亲更亲近，父亲的社会品质也会被孩子认可与效仿。只有夫妻互相补台的家庭教育，才能富有生机，使孩子的人格更健康。

经常检视自己的家庭

孩子对父母的认同与模仿，是在父—母—子的相互交往中进行的，而不是单一地在孩子与父亲或者孩子与母亲之间进行。家庭犹如一艘大船，船上的每个人都有责任保持这艘大船的平衡，夫妻之间尤其如此。身为父母，不要只把目光停留在孩子身上，也要多将欣赏的目光投向配偶，要多多检视自己的家庭，时刻关注婚姻这条大船的平衡性，从而使父亲真正成为好父亲，母亲真正成为好母亲。

3 网络时代亲子沟通有技巧

使用互联网已经是"00后"一代的生活方式，父母要在网络时代赢得亲子沟通这盘棋，学习新的沟通技巧才是成功之道。

成长密码	具体表现
网络聊天满足孩子的情感需求	◇这个阶段的孩子有更多个人的隐私不想让父母和老师知道，也不想让身边的同龄人知道 ◇网络聊天可以满足孩子强烈的宣泄需要 ◇网络的便捷让孩子喜欢上聊天
网络聊天满足孩子的自尊需要	◇自尊是人格的核心，也是心理健康的核心 ◇自尊得到满足的孩子，自信心比较强，觉得自己有价值，做事情也有勇气，日常生活也会更快乐 ◇有的孩子在生活中自尊感比较低，他们通过在网络上聊天，在陌生人中获得自尊感
更喜欢聊"没用的"话题	◇在一些父母看来，聊衣服、化妆、购物、电视剧、网络游戏、爱情，等等，这些都是无用的、让孩子分心的话题 ◇对于青春期的孩子来说，"没用的"话题恰恰是孩子特别感兴趣的内容
需要倾听，不需要评判	◇初中生比高中生更愿意表达，因为他们的内心有太多的困惑或青春疼痛需要说出来 ◇九年级的孩子往往不喜欢说话的时候被打断，更不喜欢倾听的人总是给出评判，尤其是经常给一些否定的评判

从孩子关心的话题开始

父母与孩子谈话要从他们感兴趣和关心的话题开始，只要孩子肯说，无论从什么话题开始都是好的。研究表明，一个人每天讲的话，有90%以上都是"没用的"，正是这些"没用的"话让人抒发了情感，发泄了情绪。青春期的孩子既成熟又幼稚，他们的情感比较丰富、敏感，有时候会无端地抱怨、发脾气，有时又会说不想学习了，有时候会想去冒险，有时又对谈情说爱的话题感兴趣……父母要想与孩子沟通，不妨先找到孩子关心的话题，而不要张嘴就谈成绩。

不要急着闯入孩子的世界

九年级的孩子自我意识已经非常强烈，他们的成人感很强，大多数孩子不愿意再像小时候那样"回家告诉妈妈"，哪怕是在外面受了委屈也习惯于藏在心里。如果父母发现孩子有一些隐瞒的信息，不要急着闯入到孩子的世界中去，只需细心观察耐心倾听，从孩子的聊天中发现其内心隐秘，或者逐渐引导孩子说出他心中的秘密。如果孩子刚开头说"我真不想上学"，父母就急着说"不想上学将来怎么能有好工作""你爸妈就是吃了没有文化的亏，就指望着你能出人头地"，孩子自然就闭嘴不想交流了。同样，孩子的QQ空间、微信朋友圈，父母也不要急着进入，更不要看到孩子朋友圈的一句话就抓住机会进行教育。

学习一些孩子常用的网络语言

"00后"一代从小在网络环境下长大，他们喜欢说"网言网语"，用的是微信和QQ，他们喜欢接受新事物，思维独立，具有批判意识，有较强的平等意识。这些都是互联网新生代的特征。而父母一代大多是从传统媒体时代迁徙到了网络时代，无论是生活方式还是思维特点，都脱离不了传统媒体时代的一些特征。因此，父母要学会尊重孩子，尊重他们的生活方式及语言习惯。父母可以学习一些孩子们常用的网络语言，以便有更多的机会与孩子对话。

避免"伪沟通"

在与青春期少年接触的过程中，笔者发现，父母和孩子对沟通的理解往往是不一样的。比如，笔者在一所学校里与学生的父母座谈时发现，有 80% 的父母都报告说前一天自己与孩子沟通了。但是，当笔者再去与他们的孩子座谈时，只有 20% 的学生报告说前一天父母的确是与自己沟通了。难道父母们撒谎了吗？自然不是。而是父母眼中的沟通就是与孩子谈了学习、问了作业，等等，而这些对孩子来说并不算沟通。所以，爸爸妈妈们要注意沟通的内容和形式，如果沟通过程只是父母在讲话，聊的并不是孩子关心、喜欢的内容，那这种沟通基本上算是"伪沟通"。

4. 精神陪伴更适合青春期孩子

青春期的孩子对父母的依恋越来越少，很多孩子开始不习惯父母的拥抱、抚摸。因此，有的父母非常困惑，也感到恐慌：到底该怎么陪伴青春期的孩子呢？一位九年级女生在自己房间的门背后写着三个英文单词："father，mother，hate"（爸爸，妈妈，恨）。

女孩说："……我妈在单位里当惯了官儿，喜欢指挥别人，控制别人。她偷看我日记，偷看我的手机，还翻我的书包。我在房间里打个电话，她也问东问西。我都这么大了，她一点也不尊重我。我爸就是我妈的帮凶，我妈说什么他都说对，我真瞧不起他。我跟我爸妈已经好几个星期不说话了。我把之前写的日记都烧了，以后也不敢写了……"

父母给孩子的陪伴要随着孩子的成长而改变。只有符合孩子心理接纳特点、情感需求特点、成长发展特点的陪伴，才能让孩子感受到父母深沉的爱。

成长密码	具体表现
喜欢做主角不喜欢做配角	◇九年级阶段的孩子并不喜欢一切都被安排好的生活 ◇自我意识发展迅速，自主性明显增强，他们很想表现出自己很有能力的样子，而不愿意按照父母的安排做事
喜欢轻松不喜欢被"教育"	◇青春期的孩子更喜欢快乐的休闲时光 ◇讨厌闲暇时间还要被"教育"，尤其是唠叨式教育
喜欢甜言蜜语不喜欢针尖麦芒	◇喜欢被尊重、信任、理解，哪怕是做了错事，也希望父母先理解自己，再指出错误 ◇裹上"糖衣"的批评让孩子更容易接受
喜欢精神陪伴不喜欢形影不离	◇独立意识明显增强，希望自己的事情能自己做主 ◇不愿意什么都依靠父母，更不喜欢父母总是跟在自己身边

一说到陪伴孩子，很多父母就会想到给孩子做饭、陪孩子上学、帮他收拾房间、盯着他写作业、检查复习预习，等等。父母如果还用这样的方式对待九年级的孩子，容易引发叛逆与对抗。针对青春期自主意识强烈的孩子，父母只需注视孩子成长的方向，如果发觉方向出现偏差，就帮忙调整一下，而不是代替孩子成长。

用小细节赢得亲子时间

也有的父母工作很忙，能陪伴孩子的时间很少。这时可以通过一些小的细节来营造亲子共处的美好时光。例如，和孩子一起做家务，共读一本书，每周安排一段音乐欣赏时光，或者只是和孩子说几

句笑话。总之，九年级的孩子不需要父母陪着吃饭、睡觉、上学、写作业，他们更需要精神陪伴。如果父母身在外地，经常与远方的孩子打电话、网络视频、写亲子家书、看同一部电影并且互相交流等，都是很好的亲子陪伴。

培养一两项家庭共同的运动

运动不仅有益于强健体魄与人格，还是一项很好的亲子活动。在运动中，父母可以和孩子一起玩耍，一起克服困难，一起获得喜悦与满足。例如，有的家庭就约定，每周家庭成员要一起运动一次，或爬山，或打羽毛球，或散步。如果有条件的话，最好能在家庭成员间培养一两种大家都喜欢的运动习惯。

多向孩子学习

"向孩子学习"已经成为一句老生常谈，但是在互联网时代这一教育理念需要一再被强调。尤其是当孩子上了九年级，父母更应该时刻具备"向孩子学习"的心态。"向孩子学习"是一种低姿态，就是父母能多看到孩子的长处，能放大他们的优点，这样做非常符合九年级学生成人感强烈的心理特征。同时，中学生接受新事物又很快，在很多方面的确是胜父母一筹。如果父母能多向孩子学习，与孩子并肩前行，这种陪伴对孩子来说就是精神的滋养。

回顾与思考

1. 青春期的孩子更希望与父母做哪些方面的交流？

2. 停止亲子冲突的三种方法是什么？您是否还有更好的方法？写下来吧。

3. 为什么说夫妻关系是家庭所有关系的核心？

4. 孩子喜欢与网友聊天的原因是什么？

5. 如果父母发现孩子在隐瞒一些心思该怎么办？

3

为孩子的一生健康奠基

1. 用健康饮食为健康发展加油

初中阶段孩子的身体迅猛发展，运动量比小学时大大增加，再加上面临中考冲刺，孩子每天付出体力、精力非常多，对营养的需求更旺盛。因此，青春期的孩子也面临更多的饮食、营养问题。

越是到了青春期，越是面临着中考的学业压力，父母越不能放松对孩子健康饮食的引导，要用合理的饮食方式为孩子的学习生活保驾护航。

成长密码	具体表现
九年级学生最"不会喝水"	◇有的男生特别爱喝碳酸饮料，把饮料当水喝 ◇喝水不会定时、定量，有时暴饮，会引起肠胃不适
九年级学生三餐在路边摊吃得最多	◇孩子上九年级以后，大多每天到学校较早，回家较晚，因此很多孩子选择在路边摊解决一日三餐 ◇一些父母工作比较忙，易忽略孩子的一日三餐，以为给孩子一些钱就能解决问题
九年级学生吃油炸、烧烤、方便、膨化类食品最多	◇中国青少年研究中心调查发现，和其他几个年级相比，九年级的学生吃方便、膨化类食品的比例最高，几乎占了半数（49.1%）

管好孩子的一日三餐

科学的饮食习惯对孩子的重要性已经不必多谈，父母在孩子九年级的关键时刻切不可只把目光盯在作业、考试、成绩上，要管好孩子的一日三餐。这既是为了孩子当前能适应学习生活，也是有利于培养孩子一辈子良好的饮食习惯。中学阶段，孩子对新鲜事物充满好奇，喜欢尝试，如果父母因为孩子在九年级就放纵孩子的饮食生活，仅仅一年时间就足以让孩子养成不良的饮食习惯。

和孩子一起面对电视、网络广告的诱惑

调查发现，在选择饮料、零食方面，随着学生年龄的增长，父母对孩子的影响力越来越小，电视广告、网络的影响力越来越大。从小学三年级到九年级，父母的影响力一路下滑，共下降近23个百分点；电视广告和网络的影响力一路上升，分别上升31个、37个

百分点。可见，电视和网络上的广告对孩子的饮食习惯有较大影响。即使家教严不允许孩子喝饮料，但孩子还是会受同学或广告的影响。父母要用真实有力的案例让孩子了解垃圾食品对健康的危害。

父母要先形成科学的生活方式

父母的饮食习惯、生活方式对孩子有较大影响，可以说是孩子一生生活习惯的底色。我们常说"妈妈的味道""家的味道"，就是因为这些对孩子的影响很大。所以，父母要在这方面给孩子做个榜样，把均衡营养、健康饮食作为家庭教育的一部分，给孩子未来的健康涂上科学的底色。

不要有例外

有的孩子上九年级后会在学校晚自习，或者早晨没时间吃早餐。父母心疼孩子，就很容易用各种外卖代替爸爸妈妈的爱。例如，一位爸爸苦恼地说："孩子中考那会儿，我们觉得要让孩子吃好，就经常给她开'小灶'。她喜欢什么我们就常给她叫外卖。结果，现在孩子都上大学了，回来还是不和我们吃一样的饭菜，习惯了叫外卖。"虽然九年级的孩子更累，更需要补充营养，但是请父母特别注意的是，在日常生活中不要用各种"例外"打破生活常规。

2. 睡得好才能一切都好

睡眠的意义无需多言，身为父母一般都了解睡眠对于孩子成长的重要意义。但是，九年级的学生往往面临很多让父母不知道该怎么办的睡眠问题。例如，考试压力大经常睡不着，一到了晚上就兴奋得不想睡，一到了早晨就赖床起不来，为了考试睡眠严重不足，每天因为起床、睡觉的问题父母与孩子吵个不停。

成长密码	具体表现
睡眠充足有利于长个儿	◇个头儿虽然跟遗传有关，但是也与睡眠、运动有密切关系。睡眠不足的孩子，影响身体发育 ◇研究发现，孩子的生长激素主要在夜间分泌，白天分泌得很少，并且白天的分泌也多是在人打瞌睡时进行的
睡眠充足好情绪多	◇进入初中阶段的孩子情绪往往不够稳定，自我控制能力差，爱发脾气，爱抱怨，有时甚至郁闷、抑郁 ◇睡眠不足的孩子常常情绪不好，这是自我控制能力差的结果
睡眠充足注意力集中	◇如果长期睡眠不足，脑供氧就会缺乏，脑细胞就会受损，脑功能就会下降 ◇睡眠充足的人，大多精力充沛、思维敏捷、办事效率高
睡眠充足免疫力增强	◇科学研究充分证明了睡眠与人体免疫力的紧密关系 ◇睡眠充足，血液中的 T 淋巴细胞和 B 淋巴细胞均会明显增多，而这些淋巴细胞正是人体免疫的主力军

不用学习克扣孩子睡眠

据有关调查表明：孩子的睡眠与他们智力发展紧密相关。那些每晚睡眠少于 8 小时的孩子，有 61％学习跟不上，39％成绩平平。而另一些每晚睡眠在 10 小时左右的孩子，只有 13％学习落后，76％成绩中等，11％成绩优良。所以，父母一定要保证孩子的睡眠，在思想认识上要把睡眠看作比学习更重要的事情。

尽量固定孩子的睡眠时间

中国青少年研究中心的调查发现，有近三成（28.4%）的中学生没有固定的睡眠时间。由于人体生物钟的特殊需要，固定睡眠时间对中学生的健康成长非常有必要。中学生经常因为作业没写完、睡不着、玩手机、与朋友网聊等原因不按时睡眠。父母要给孩子调整好生物钟，不要因为一些"特殊情况"改变孩子的睡眠时间。比如考得不好晚上就不让孩子早睡觉，临考前也陪着孩子熬夜，这些都不利于形成良好的睡眠习惯。

用午睡为孩子的一天充电

适度午睡可给孩子补充精力，但是调查发现，有近八成（77.1%）

的中学生没有午睡习惯，九年级学生午睡的比例更低。但是，如果有条件能在中午小憩一下的话，有利于孩子下午和晚上的学习。因此，父母要多为孩子创造条件，如果孩子的学校离家不远，尽可能让孩子在午饭后休息一下。如果中午要在学校里度过，也可以给孩子准备一个软垫子、小靠垫等东西，让孩子尽可能地午休10分钟到半小时。有的孩子习惯利用放学后到晚饭前的时间小憩一下，这也是不错的方法。

小贴士

美国太空总署的一份研究报告表明，每天午睡45分钟，工作效率将提高35%，做出正确决定的能力也会增加50%；哈佛大学心理学研究中心将105名员工分为睡午觉和不睡午觉两组，结果显示，睡一个小时午觉者，下午的清醒度是早晨9点上班时的90%。

3. 越爱运动成绩越好

充足的睡眠、均衡的饮食和适当的运动是国际社会公认的三项健康标准。除了饮食和睡眠外，家有中考生的父母还要特别关注孩子的运动。

成长密码	具体表现
中学生的运动表现稳步提高	◇心理学的研究发现，青春期的男生女生总体来说运动表现呈现稳步提高状态 ◇男生和女生之间有了明显差异。男生从初中，尤其是九年级开始，力量、速度、耐力等方面都急速增长，女生运动能力的增长比男生缓慢，而且到了14岁时大多趋于平稳
没时间、没场所、没伙伴是孩子不爱运动的主要原因	◇初中生不爱运动的主要原因有三点，分别是没有时间（79.6%），没有合适的场所（43.9%），没有人一起运动（38.6%） ◇不爱运动的比例呈现出从小学到初中越来越高的趋势
父母的运动习惯、对运动的态度直接影响子女	◇孩子是否爱运动，与家庭有着密切关系 ◇父母支持孩子参加体育运动，孩子的运动状况往往较好 ◇父母自身爱运动，经常参加各类运动，孩子也更爱运动

制订可行的运动计划

运动需要坚持，需要形成习惯，靠临时抱佛脚，既给孩子带来压力，又容易引起运动伤害。从进入九年级开始，父母就要与孩子一起制订运动计划。中考的体育测试是对综合运动能力的测试，不仅包括耐力测试，还包括力量和身体灵活性方面的测试。所以，不能用突击的方法去解决，只有循序渐进，才能在中考体育测试中拿到好分数。定计划要由孩子做主，与孩子商量，根据孩子的兴趣爱好，结合体育测试的项目进行。

每天运动要适度

运动既要每天都进行，又不能因为心急就采用超负荷运动的方法。"三天打鱼，两天晒网"的运动方式不可取，父母要鼓励孩子每天利用放学的时间在学校里和同伴多运动，还可以每天晚饭一小时后与孩子一起运动。适度的运动不会给孩子增加负担，也不会让孩子感到为难、辛苦、厌烦，而会使孩子的身体一直保持在较好的状态。父母与孩子一起运动，可以增进亲情和孩子的幸福感。

发现薄弱项目设立分段目标

有的孩子在某些项目上比较弱，比如有的女生打篮球有障碍、运球不灵活，有的男生臂力不够、引体向上达不到优秀，这些都可以通过多次练习来提升。而 800 米或 1000 米跑，则需要较长时间才能提升。父母要了解孩子薄弱的项目是哪些，从多方面下手去锻炼。

预防运动伤害

面临中考的孩子耽误不起课程，因此在运动中务必要特别小心，避免各种运动伤害。运动前的准备工作不能忽略，运动后的修复活动也不能省掉，父母要多跟孩子强调这一点。另外，如果有条件也可以给孩子一些运动指导，或者请专业的运动人士给孩子进行规范的指点。一旦孩子在运动中感觉不舒服或有跌打扭伤等小毛病，不能马虎，要尽快就医。

为孩子寻找运动伙伴

除了父母带孩子运动之外，还要鼓励孩子与朋友、同学一起运动，结伴同行。这样既能增加乐趣，又可互相鼓励和照顾，不但可减少运动本身的单调枯燥，而且还可以提高运动兴趣，消除羞怯、畏难、自卑等心理障碍，使孩子激励自己坚持运动。

4. 谨慎对待青春期其他身体健康问题

除了饮食、睡眠、运动这三大健康法宝之外，中学生更有可能遇到一些独特的青春期健康问题，需要父母特别注意。

小迪是一位患了神经性厌食症的女生。上八年级时，同学笑她太胖，有一天她回家哭起来。妈妈没有安慰，反而唠叨说："你这么大了，也不注意一下自己的形象，现在人家嘲笑你了，你就回家哭！一个人连自己的嘴巴都管不住，还能有什么出息！"从那时开始，小迪走上了减肥的道路。到了九年级，小迪的体重已经很轻了，但是她还是嫌自己胖，不吃饭，只吃一点点零食。再后来，小迪吃惊地发现，月经已经有半年不来了。伴随而来的还有经常感到抑郁、情绪不好、不爱和同学交往、不爱去公共场合、经常睡不着等问题。

一些研究发现，神经性厌食症主要发生在 13~20 岁青春期男女身上，属于一种进食障碍，但是这种障碍以女性为主，大约占据了 90%~95%。这种进食障碍与心理因素有密切关系。例如，有的患者在生病前有自卑心理，觉得自己不如别人；有的好胜心强，不合群，人际关系紧张；还有的患者敏感多疑，以自我为中心。

当然，青春期容易引发的身体健康问题还有很多。这些青春期的健康问题常和心理问题纠缠在一起，需要父母火眼金睛、明察秋毫。例如，缺铁、缺钙就是青春期常见的营养问题。当父母看到孩子情绪低落、郁郁寡欢或者动不动就发脾气、急躁暴怒，可能并不是他们的心情不好导致的，而是由于缺铁引起贫血导致的。

成长密码	具体表现
青春期的健康问题多与家庭因素密切相关	◇青春期的到来，给孩子带来一些新的健康问题。这些问题的产生，大多数与家庭生活环境、家庭教养方式、家庭生活方式等有密切关系 ◇以神经性厌食症为例，患有这种进食障碍的女孩，大多生活在父母要求比较严格的家庭里
青春期的健康问题多与心理因素密切相关	◇一些青春期的健康问题背后常常隐藏着严重的心理问题，或者说健康问题伴随着心理问题而来 ◇以神经性暴食症为例，患有这种进食障碍的青少年大多人际关系不良、情绪烦躁、长期抑郁、学习或生活压力过大，通过暴饮暴食来得到心理上的缓解
青春期的健康问题多与文化因素密切相关	◇与文化关系特别密切的青春期健康问题大概要数节食减肥 ◇一些刚刚进入青春期的爱美女生，受各种时尚节食文化的影响，无论多瘦还是嫌自己胖，一再节食，导致卡路里和各类营养素摄入不够，因此很容易引起青春期贫血、神经性厌食症

了解孩子身体健康的各项指标

上了初中的孩子大多看起来朝气蓬勃，青春的阳刚与秀美在身上展现。这时父母大多对孩子的健康松了一口气，转而把注意力盯在学习上。和小学时相比，这个阶段的孩子的确生病较少。过去一个月就要感冒一次的孩子，现在一年似乎也没有感冒一次。但是，这并不意味着父母可以粗心大意，一些影响一生健康的不良因素说不定会趁着父母忽略的时候潜伏到孩子的身体里。建议父母定期了解孩子的各项身体健康指标，如钙铁等微量元素、血压、血脂等指标。

给孩子健康、安全的生命提示

安全教育不仅仅是学校的事，也是家庭的事。父母可在日常生活中多给孩子一些安全提示，多和孩子聊聊安全注意事项。新教育认为，安全和健康是构成生命长度的两翼，也是决定自然生命长度的基石。无论是缺乏安全，还是缺乏健康，都不可能有生命的长度。所以，即使到了学习任务重的九年级阶段，父母也不要忘了多和孩子聊聊安全与健康的小知识。

父母要为孩子树立健康生活的榜样

初中生受家庭的影响还是非常大的，父母的生活方式往往就是孩子未来生活方式的模板。父母积极向上、阳光有爱、不怕挫折的心态，父母喜欢运动、营养均衡、按时睡眠等生活方式，都是对孩子最好的生活教育。因此父母要特别注意自己的生活方式，不要一边要求孩子早睡，一边自己熬夜上网。

多发现孩子的长处并鼓励他

初中生特别在意自我形象，他们给自己的评价往往由别人对他的态度来决定。有些生理健康方面的疾病是由心理健康问题导致的，比如自卑的孩子有可能情绪比较压抑，导致睡眠差、不想吃饭、不爱运动等。爸爸妈妈要在每天的日常生活中找到孩子的亮点，多多鼓励孩子，让孩子每天生活在心情棒棒的环境里。

爱孩子本来的样子

金无足赤，人无完人，每个孩子都带着父母的期待与爱降临到家庭里。也许自家的孩子并不那么好看，并不那么苗条，并不那么擅长运动，说不定孩子还有些笨笨的。无论怎样，孩子都是上天给家庭最好的礼物，父母都要无条件地接纳与爱自己的孩子。新教育认为生命有三重含义：自然生命、社会生命和精神生命。父母对孩子这一自然生命越是接纳、尊重、热爱，孩子成长得越好，从而才能更有力地向社会生命和精神生命飞跃。

回顾与思考

1. 孩子受同学影响总是喜欢吃一些垃圾食品该怎么办？

2. 您的孩子睡眠足够吗？您有哪些保证孩子充足睡眠的好办法？

3. 怎样帮助孩子找到合适的运动伙伴？

4. 九年级了，孩子运动时间太少，您有哪些补足措施呢？

5. 孩子明明很瘦但是总觉得自己胖，用什么方法引导孩子接纳自我？

4

第 四 章

培养孩子获得幸福的能力

1. 美好品德是幸福的土壤

美国新泽西州的贝尔实验室的一位经理人对他的职员们进行分析，他发现，公司里工作绩效最好的人、对工作和生活最有幸福感的人并不是那些智商特别高的人，而是能够关心他人、了解他人情绪、善于控制自己情绪的人。因此，家庭尤其需要把品德教育放在第一位。

成长密码	具体表现
幸福感源于正确的价值观	◇要体验和感受到幸福，与正确的价值观密不可分。人的情绪、感受受价值观影响明显 ◇家庭教育离不开正确价值观的教育，让孩子的眼睛能看到幸福，让孩子的心感受到幸福，是家庭教育不可推卸的责任，也是父母为孩子构造幸福人生的关键
"德商"是人才的本质特征	◇现代教育理论认为，德才兼备的人才能被看作人才，而且，"德商"成为人才的本质特征 ◇一个高智商高情商的人，如果没有美德，他就不会成为对社会有贡献、对人类有益的人
中学生特别需要积极向上的情绪	◇九年级学生情绪反应比较强烈、情绪很不稳定，这时他们特别需要一些对生活、对他人、对世界稳定的、积极向上、充满正能量的看法来帮助他们稳定情绪

续表

成长密码	具体表现
中学阶段是价值观形成的关键期	◇孩子的生理发育进入第二高峰，心理上更加成熟，世界观与人生观逐渐形成，道德信念与道德品质也更加稳定 ◇已经完成了心理学家皮亚杰的儿童道德发展四个阶段的任务，思维具有守恒性，并且也更加自律
九年级第二学期是品德的初步成熟期	◇北京师范大学教授、著名心理学家林崇德进行过多年中学生心理的研究，他在专著《中学生心理学》里专门提到："心理发展有一个成熟期。我的实验研究初步表明，15~16岁（九年级第二学期至高中一年级第一学期）是品德的初步成熟期。"

小贴士

心理学家皮亚杰认为儿童道德发展分为四个阶段：1.前道德阶段（2~5岁），这时儿童缺乏按规则来规范行为的自觉性，在价值判断方面表现出明显的自我中心倾向；2.他律道德阶段（5~8岁），这个阶段儿童表现出对外在权威绝对尊重和顺从，评价自己和他人的行为时完全以权威的态度为依据；3.初步自律道德阶段（8~10岁），此时思维具有了守恒性和可逆性，不把规则看成是一成不变的东西，逐渐从他律转入自律；4.自律道德阶段（10~12岁），此时儿童的公正观念或正义感得到发展，儿童的道德观念倾向于主持公正、平等。

培养孩子具有爱的品质与能力

国际 21 世纪教育委员会曾经多次论证后提出，21 世纪教育的四大支柱是学会求知、学会做事、学会共处、学会做人。学会做人是建立在前三种学习基础上的根本点。谈起做人的美德，人们会想起很多美好品质。国际知名的咨询专家和教育家米歇尔·博芭女士，在教育一线从事多年教育工作，并因成绩卓著被授予"全美优秀教育工作者奖章"。她将"德商"归结为七大人类美德：同情心、良心、自控、尊重、善良、宽容、公正。对初中生来说，不妨先从仁爱之心开始。有仁爱心的人，能爱自己，爱父母，爱朋友，爱自然，爱国家；有仁爱心的人，不会伤害自己，也不会伤害别人。这是因为，仁爱首先是一种积极乐观的人生态度，心中有爱的人会尊重生命，会尊重父母，尊重他人；心中有爱的人会有明确的生活目标，会一直向着目标奋进；心中有爱的人会懂得宽容，原谅他人的缺点和不足；心中有爱的人会理解别人，学会分享和承担责任；心中有爱的人会不怕困难，在挫折之后依然勇敢前行。要让孩子赢在未来，父母要努力培养孩子爱的品质和能力。

让您的爱"看得见""听得到"

父母对孩子有爱心，常喜欢默默奉献，尽管为孩子做了很多事情，却很少对孩子说。虽然九年级的学生比较敏感，内心也更丰富，

但是父母还是要让孩子"看得见""听得到"爸爸妈妈的爱。这样做的目的，是让孩子在温暖的家庭中感受到父母的爱，从而提高认识、增强情感。

建立家庭"爱心档案"

家庭需要文化建设，经常给孩子展示一些难忘的、充满关爱细节的家庭生活，对孩子形成爱心是一种文化熏陶。如果孩子小时候家里没有建立过爱心档案，那么就从现在开始吧。爸爸妈妈可以和孩子一起动手，让孩子在家庭中寻找爱的细节，然后用家庭故事、家庭照片、家庭日记等形式记录下家庭成员彼此间的关爱。建立爱心档案的过程就是促使孩子发现爱、感悟爱的过程。

在孩子身边营造爱的氛围

家庭成员的形象、追求、喜好、品质、道德、家教等都是构成家风的因素，它形成家庭的思想体系和行为规范，直接影响孩子的成长。家风也是一种环境，它犹如肥沃的土壤，孩子犹如需要成长的树苗，在良好家风的熏陶下健康长大。家风还如绵绵细雨，滋润着家庭的每个角落，使家庭中的每个人都能够在这样的细润气氛中成长。父母要在孩子身边营造爱的氛围，对长辈尊敬，对邻居有爱，对家人耐心，对孩子宽容，这些都是在传递爱的信息。孩子成长在这样的家庭里，自然会形成仁爱之心。

小贴士

有规律的冥想会给生活带来深刻改变。和孩子一起找个安静的地方坐好，让身体处于最舒适的状态，但是背部和颈部要挺直。深呼吸，试着保持心态平静。每次吸气时要吸到底，呼气时要通过嘴巴或鼻子慢慢呼出。回顾生活中自己善待他人的经历，感受帮助他人时对方的感激和自己的快乐。然后再想象一件未来的事情，比如要和朋友分享快乐，给所爱的人买花，给孩子读书，捐助他人。在这样的冥想中享受仁爱带来的幸福感。

2. 让优雅在孩子心里生根发芽

青春期的孩子大多爱打扮，喜欢新颖的服装和时尚的配饰，喜欢一些流行的用品。这既让父母们感到高兴，欣喜地发现孩子长大了，又让父母们感到有些措手不及，不免担忧。

生活不仅需要品德，还需要品味。既然注意身体意象是中学生的心理特点，父母不妨利用好这个特点，教会孩子做一个优雅的人，让孩子懂得生活礼仪，过有品味的生活。品味也是幸福人生不可缺少的要素之一。

成长密码	具体表现
中学生觉得自己才是"焦点"	◇心理学研究发现，进入青春期之后，孩子经常会把自己当作焦点，认为人们都在关注自己，都会把目光落在自己身上 ◇特别在意自己的外在形象，注意自己的发型、衣服、化妆、举止等
身体意象积极的人自我评价高	◇自我评价是一个人对自己的思想、愿望、行为、个性特点的判断和评价，是心理健康的一个重要指标，对人的成长与发展具有重要意义 ◇对自己的身体意象评价积极的人，自我评价也比较高

续表

成长密码	具体表现
品味与气质能提升自我评价	◇对于正处在发育期的男孩女孩来说，外表几乎成为他们关注的焦点和全部 ◇品味和气质是后天养成的，在生活里追求优雅，能提升自我评价

小贴士

身材、容貌对女孩自尊的影响超过对男孩的影响；早熟的女孩往往比发育晚或一般的女孩对自己的身体更为不满；高中女生对自己的身体更不满意；父母的态度对孩子的身体意象都会产生影响。父亲对女儿有更大影响，母亲对儿子有更大影响。母亲通过积极的评价发挥影响，父亲通过批评发挥影响。

为孩子选择合适的书包、书桌

九年级的学生往往背着沉重的大书包，里面装满了各类复习资料。有的九年级孩子还背着单肩包，或者书包背带过细，这些都会使孩子脊柱弯曲、驼背。另外，还有的孩子已经上九年级了还在使用小学时的书桌，从高度上、大小上都不适合现在的年龄。父母要关注这些细节，及早为孩子调整。

九年级也不能忽略每日运动

阳光、乐观、健康是青春的关键词。虽然九年级学习任务比较重，时间比较少，但是父母仍然不能忽略孩子日常的锻炼。锻炼不仅有利于身体健康和缓解不良情绪，更有利于孩子动作协调，体态匀称，身体健康。有健康的身体才有健康的身体意象，孩子才会更接纳自我。父母最好能带头，在孩子每天学习累了时和他们出去走走，并鼓励孩子多参与和伙伴一起的各类运动。

让家也优雅起来

一个刚刚毕业的年轻女孩在北京租了一间房子，虽然这只是一个临时的家，但女孩把房间收拾得很干净。她用每个月不多的工资买了粉色窗帘、粉色床单，又配了一个新沙发。去拜访她的人都感到吃惊，因为很多大学毕业生房间都跟窝棚一样，里面堆满了衣服，几乎没有走路的空间。她说："从小家里就特别干净，什么都井井有条。那时家里的房子更小，但是爸爸妈妈从来没让家里乱糟糟的。所以，我现在也不能忍受凌乱的环境。"父母要把优雅的生活习惯传递给孩子，不要因为工作太忙就让洗衣机里塞满脏衣服、家具落满灰尘、边边角角堆满杂物。优雅也是一种心理状态，家优雅起来了，日子优雅起来了，孩子也会从中学会有品味地生活。

为家庭生活注入文化养分

文化是幸福之根，缺乏文化养分的生活，就好像大树缺乏雨露一样，很难成就有品味的生活。因此，在一家人闲暇的时间里，尽可能让家庭生活多一些文化氛围。例如，和孩子谈谈电影、看看戏剧、听听音乐，让家里有一些鲜花点缀。即使父母文化水平不高，家里经济条件一般，也可以鼓励孩子多发现日常生活的美，让家多一些欢笑。如果父母把孩子培养得除了学习好，对其他什么也不爱好，对什么都不感兴趣，孩子未来的生活也难以优雅幸福。

3. 培养孩子形成健康的自尊

还有一个多月就要中考了，可是芳芳一点儿也紧张不起来，上课注意力不能集中，回家写作业也提不起精神。爸爸妈妈看着她这个状态，又着急又生气。妈妈说："我和你爸天天就为你活着，吃的喝的都给你安排好了，你怎么没有一点高兴样儿！学习也不起劲，就剩一个多月了，你到底是怎么了？"爸爸说："就是不争气，不想好！唉，女孩子就是不行啊，到了节骨眼上就败下阵来了！考不好的话就种地去！"

父母们想一想，孩子生活在爸爸妈妈这样的评价下，她的心情能快乐吗？她能感觉到幸福吗？父母这样的评价，无疑会伤害到孩子的自尊，让孩子更觉得自己不行。九年级是自我同一性发展的关键一年，如果孩子不能对自己有正确的自我评价，不能有适度的自尊，他们的自我同一性发展更容易遇到障碍。

每个人都需要尊严，尤其是处于初中阶段的孩子，对尊严有更强烈的需求。自尊是通过一点点的成就、表扬和成功来实现的，如果孩子长期自我评价较低，缺少自尊，这样的人也难以生活快乐、幸福。这是因为自尊对初中生心理发展具有很重要的意义。它既直接影响中学生的心理健康，从而对人格发展有重要影响，又是一个中介，影响人格发展的其他因素，如对认知、动机、情感和社会行为的影响等。

成长密码	具体表现
自尊给孩子带来积极的自我评价	◇到了中学时，除了学业能力、社会能力、运动能力、身体相貌之外，初中生对自我的评价又增加了新的维度，例如，亲密的友谊、浪漫的需求和学习能力等 ◇如果孩子在这些方面能有积极的评价，孩子的自尊水平就会比较高，从而对自我评价也更高
积极的自我评价给孩子带来自信心	◇高自尊的孩子，对自己有较好的评价，因此也能更好地接纳自己，既看到自己的优点，又看到自己的不足 ◇高自尊的孩子做事、学习、待人方面都有很高的积极性和主动性，因此他们对自己、对学习、对成长也充满自信
自信心强的孩子幸福感强	◇初中生最大的任务是完成自我同一性的发展，使理想自我与现实自我基本一致。如果二者强烈冲突，自然难以感到满足、幸福 ◇自信心强的孩子，大多对自己有较高的自我评价，接纳自我，因此大多对生活比较满意
亲子关系的质量影响自尊水平	◇发展心理学的研究成果表明，家庭关系的质量与孩子的高自尊紧密联系 ◇和父母关系亲密的孩子，大多有较高的自尊水平，他们认为自己自信、聪明、理性、有控制力
自尊感极不稳定，相对较低	◇心理特点决定了九年级学生对自尊的感受经常"非此即彼"，一会儿沾沾自喜，一会儿又垂头丧气 ◇受长相、身材、同伴关系、父母的态度、学业压力等因素影响，九年级学生的自尊感相对较低

自尊是指一个人对自我价值做出的判断，以及由这些判断引发出来的情感。自尊是自我概念的重要方面，是对自我的总体评价。自尊包括自我尊重和社会尊重。自我尊重就是要求独立、自由、自信，有成就、有名誉等，社会尊重就是希望被人认可、受人尊重，有地位、实力、威信等。

发现孩子的长处并多加鼓励

帮助孩子提升自尊水平，光靠说服孩子"你要接纳自己""你要相信自己"是没有多大效果的。如果一个人总是在某些方面做得好，就会给他带来成就感，从而形成较高的自尊水平。所以，建议父母了解哪些因素促使孩子形成了自尊感受，并多进行鼓励。父母要多和孩子讨论他们在哪些方面表现得更棒更胜任，帮孩子发现他的优点，给孩子提供表现的平台。

多用正面词语评价孩子

父母在日常生活中不要给孩子贴标签，不要用负面的词语去评价孩子。例如，芳芳的爸爸说"女孩子就是不行啊"这样的话语，就是给了孩子负面的心理暗示，不利于形成较高的自尊水平。父母

在孩子遇到困难时要多帮忙想办法，少指责孩子，尤其不要给孩子盖棺定论性的负面评价。

让孩子多体验成功

成就感可以提升青春期少男少女的自尊感受，失败感则让孩子的自我效能感降低。所以，父母要多让孩子感受到成功，一次次的小成功累加起来就会成为强烈的自尊。九年级学生面临学习方面的压力时，父母更要在压力中找到孩子的闪光点。如果他们出现了考试失误，或者成绩没有别人家孩子的好，这时父母更要在不足中发现长处。哪怕孩子的分数仅仅比上次考试高了一分，也要隆重表扬。虽然孩子的作文写得不好，但是哪怕只有一句话写得精彩，父母也要大大地点赞，这样才能使孩子不断感受到学习的乐趣与成功。

小贴士

自我效能感是指一个人对自己是否能从事或完成某件事情的能力的判断，简单地说就是认为自己能行还是不行。这个概念由著名心理学家班杜拉于 20 世纪 70 年代首次提出。

和孩子一起直面问题

心理学研究认为，当青少年遇到问题并努力去解决时，他的内心会增强积极的自我评价。而如果用逃避的态度去面对问题，他会感觉自己在否认、逃避、欺骗。因此，父母要帮助遇到困难的孩子，和他一起去想办法解决问题。注意，这个过程要以孩子为主，父母为辅，鼓励孩子去想办法，父母提供一些支持性的建议或方法以供参考。

关注孩子的一些重要时刻

一项针对 14~19 岁青少年的研究表明，随着消极生活事件的增加，青少年的自尊水平是下降的。消极生活事件包括亲密家庭成员的死亡、考试失败、换学校或搬家、生病、人际关系问题、家庭变化（比如增加新成员或父母离婚）等。因此，父母要特别注意孩子的一些重要时刻，在这些容易产生消极情绪的时刻关爱孩子，尽量减轻他们的心理压力。

帮助孩子建立新的自我评价标准

我们常说要"悦纳自我"，但是这对于初中生来说是很难的一件事。一方面他们对自我的评价多了很多因素，另一方面他们正好处于青春期，无论是生理还是心理都在急剧变化，生活环境、学习方式等也在变化，他们有些应接不暇，无所适从。这种状态下孩子很难气定神闲地"悦纳自我"。因此，他们需要父母帮一把，帮他们建立新的评价标准。例如，父母可以把孩子好的行为、品德、性格等作为评价标准，让孩子接受新变化，客观认识自我。

4. 帮孩子背上"情绪管理工具包"

　　紫琪妈妈除了担忧孩子的身高、体重，还对女儿的情绪非常担忧。紫琪的情绪经常阴晴不定，让妈妈不知所措。小学时紫琪是一个乖巧女孩，听话懂事爱学习，对自己要求高，学习成绩一直很不错，是父母的骄傲，和父母的关系也很好。但是到了八年级结束的那个暑假，紫琪就像发生了变异一样，让爸爸妈妈烦恼不已。那个暑假妈妈去国外公干3个月，走之前安排好了紫琪的暑假生活：写作业、去游泳、上辅导班等。紫琪也听话，这些都照办了，但妈妈从国外回来以后，娘儿俩开始冲突不断，甚至升级为战争，让全家硝烟弥漫。有时妈妈的一句话就让紫琪跳脚发火，有时又一个人关上门不让父母进去，还有时对着爸爸大吼大叫，或者红着脸和爸爸理论。

　　紫琪父母的烦恼也是很多中学生父母的烦恼，父母们普遍反映孩子七年级还比较乖，到了八年级就变了，九年级变化更大，情绪容易起伏跌宕，忽喜忽悲，脸上一会儿阴云密布，一会儿艳阳高照。这是因为生理发育影响了心理发育，心理发育导致情绪在青春期呈现出新特点。

另一位妈妈说：

"孩子上了九年级，就变成了怪物，让我越来越看不懂了。他动不动就发脾气，每天各种抱怨，看什么都不顺眼，特别是看着我和他爸不顺眼，好像我们是仇人一样。现在学习那么紧张，他要么把自己关在房间里不吃饭，要么晚上不睡觉，要么早晨在镜子前面捣饬个没完……我都搞不清他每天什么时候高兴，什么时候不高兴，一会儿兴高采烈，一会儿又阴云密布。我和他爸每天都如履薄冰，生怕踩着'地雷'。"

跨入青春期的孩子受激素发展水平、生活环境等因素的影响，和小学时相比情绪明显波动更大。再加上九年级面临的学业压力、交往压力、社团活动压力等，孩子的情绪更容易阴晴不定。因此，父母不仅要了解孩子青春期的情绪特点，理解青春期情绪变化的深层原因，还要教会孩子管理好情绪。

幸福的人离不开平和稳定的情绪。但是人们并不能总是拥有好情绪，学会管理情绪，学会调控情绪，是九年级学生必须要完成的重要任务。

对情绪的管理能力被称为情商。情商这一概念近些年被广泛重视，大家认识到，除了智商外，人还需要学会理解和处理自己的情绪，这个比智商更重要。高智商未必能给人带来幸福，拥有好的情绪质量对青少年的个体认知、社会性发展和人格发展具有重大影响。在九年级这个孩子情绪起伏变动较大的年级，父母要教会孩子辨识情绪、接纳情绪、调控情绪。这三点，可谓情绪管理的三大工具，也被称为"情绪管理工具包"。

成长密码	具体表现
初中生的消极情绪更突出	◇心理学研究发现，从小学进入初中，尤其是升到九年级，孩子体验到的消极情绪比小学时更突出
初中生的极端情绪远超出成年人	◇心理学的研究还发现，青少年出现的极端情绪，无论是积极的还是消极的方面，都比成年人要高得多 ◇调查数据显示，青少年认为"非常高兴"的比例比父母高6倍；认为"非常不高兴"的比例比父母高3倍
初中生的情绪、态度等对学习有直接影响	◇对非智力因素的科学研究发现，非智力因素对学习的影响有不同的层级 ◇情绪是非常重要的影响学习的因素，当大家的智力水平相差无几时，非智力因素就显得尤为重要
感到安全的孩子更善于调解情绪	◇被给予更多支持，并在感到安全的家庭里成长的孩子，学习调整情绪的策略更积极，并且有能力建设性地平复情绪 ◇长期生活在被拒绝、被批评的家庭里的孩子，他们的社会能力弱，适应性差，负面情绪多
父母情绪积极的家庭孩子情绪更积极	◇如果父母不善于解决家庭问题，孩子的消极情绪就会高涨，尤其是愤怒、焦虑、紧张、郁闷的情绪，同时亲子关系的质量也会较差 ◇如果家庭中经常充满积极的情绪，孩子也会有更多积极的情绪，不怕遇到各种困难

觉察与表达负面情绪

认识情绪、感知情绪，是孩子成长的必经之路。有的父母特别担心孩子被负面情绪伤害，因此会用自己的力量为孩子阻挡各种不良的情绪。例如，怕孩子生气，就满足他各种要求；怕孩子愤怒，就对孩子言听计从，这样反而不利于孩子感知与觉察自己的不良情绪，不利于学习情绪管理。建议父母多和孩子聊天，鼓励孩子表达他的情绪。九年级学生可以更细腻地表达情绪带来的感受。这样做的目的就是帮助孩子了解情绪，觉察情绪。

小贴士

情绪觉察是一个人情绪能力的核心力。具备监控自我情绪的能力，并对经常变化的情绪状态有察觉，才能了解自己。如果缺乏觉察情绪的能力，对自我的真实情绪感受不了解，则易被情绪摆布。

和不良情绪做朋友

觉察情绪之后还要学会接纳情绪，这是情绪管理的第二步。不仅父母要接纳孩子的不良情绪，孩子自己也要认识到不良情绪是人的正常情绪。这样孩子才能平静面对同伴或他人的不良情绪，也会少一些抱怨别人，少一些自我贬低。和不良情绪做朋友，不是任由不良情绪摆布，而是在不良情绪到来时，用积极思维去看待问题。

教孩子一些调控情绪的方法

情绪管理需要训练，在本书短短的章节里无法详细介绍。父母可以多买一些情绪调控的书籍，和孩子一起学习、研读，一起找到调整情绪、提升情绪控制能力的方法。比如，用同理心去看待他人、放慢说话的速度、把自己的担心说出来、闭上眼睛闻花香、寻找宁静的时光，等等。

回顾与思考

1. 您的家里有"爱心档案"吗？您的家庭是否还有其他好的方法记录家庭生活细节？推荐给大家吧。

2. 培养孩子优雅品质的方法有哪些？

3. 通过哪些渠道可以让家庭生活更有文化味儿？

4. 为什么说亲子关系的质量对孩子的自尊水平有较大影响？

5. 当孩子有一些不良情绪时父母该怎么办？

5

第 五 章

乐学比苦学更有效

1. 父母要先学会"抓大放小"

我家孩子九年级那会儿，我比孩子紧张多了，当时不觉得，就是看着孩子各种不顺眼。看她学习时磨磨蹭蹭，要么玩玩小饰品，要么去厕所里一坐就是半小时，要么吃饱了躺下，我的那个心啊，都要从喉咙里跳出来了。我在外面转啊转，努力地压着自己的脾气不发火，感觉那火气从头发丝里往外冒……寒假时，人家孩子都忙着准备开学以后的各种测试，我家孩子干脆不写寒假作业了，那时候我们娘俩打过多少架啊！有时一家三口都打成连环案了。我训斥孩子，孩子冲着她爸发火，她爸再来批评我……现在想想，我那时候实在太焦虑了，后来孩子上了高中、大学，再回想起当时，我都挺惭愧的，每到这种"考试年"，父母的心态要比孩子焦虑多了，但是父母越焦虑越难以教育好孩子。

是的，这位母亲用亲身经历告诉我们，在九年级、高三这样的"考试年"里，父母尤其要调整好自己的心态，要用理智的态度对待孩子。这一章的核心任务是和父母们谈谈如何面对九年级孩子的学习问题，但是在此之前，笔者想先和父母们谈谈应以什么样的心态面对九年级这一年。因为这是一本家庭教育指导书，而不是孩子的学习指导书。父母的教育心态更重要。

当孩子进入九年级后，父母如何和孩子一起走好九年级这一年，并且赢得中考这场战役，是很多父母都关心的问题。中考不是终点，如果父母的指导与陪伴方法得当，孩子就能轻松走过九年级这一个关键学年。

成长密码	具体表现
孩子自己做主才能有干劲儿	◇孩子九年级了，"负责任"的父母大多会全家总动员，陪写作业、接送上下学、给孩子做特殊的饭菜、给孩子检查作业、抄写资料…… ◇九年级孩子最大的特点就是自我意识增强，渴望独立和有自我的空间，渴望被认可和被尊重，自己做主的事儿，干劲儿大
确定好目标才能有长劲儿	◇从孩子跨入九年级起，父母就要跟孩子一起确定九年级毕业的目标，尤其要与孩子能力、水平相结合 ◇有了准确的目标，无论是孩子还是父母，都能心中有数，孩子一步一步达到目标，父母也能感觉孩子的成长
全面了解九年级才能把握节奏	◇父母要和孩子全面了解九年级要经历哪些阶段，以及各阶段任务，把九年级这一年的大概节奏摸清楚，可以使孩子做到心中有数，不至于因为不了解而慌张
父母越焦虑孩子越焦虑	◇父母要先放轻松，用平和心态去看待考试，孩子才能有稳定的、良好的心理去迎战考试 ◇如果父母焦虑，孩子就会更焦虑。他心里会想："爸爸妈妈都这样焦虑了，我万一要是考砸了，可怎么交代啊！"

抓大放小，客观评价孩子

父母的任务是帮助孩子把握方向，而不是代替孩子做决定。在确定未来中考目标上，父母要放权，要多尊重孩子的意见。同时，父母又要客观地评价孩子的能力，不要过高估计孩子，给孩子设立太高的目标，让孩子感觉到巨大压力。适合孩子的目标才更有利于孩子发挥自己的能力。

定期主动和老师沟通

有些父母不愿意和老师沟通，生怕打扰老师，或者觉得没什么可说的，或者不愿意把孩子的某些情况告诉老师。事实上，这样很不利于父母配合学校，与老师一起为孩子的中考加油。父母应定期与老师沟通，尤其是在每一次大考之后，了解孩子在班里的学习情况，了解学校或班级的工作重点，真实地跟老师沟通孩子在学习方面遇到的困难，这样才能有更好的家校合作质量。亲密的师生关系对孩子的情绪、学习兴趣等均有较大影响，父母要通过勤沟通，为孩子与老师搭建一座桥梁，让师生关系更融洽更亲密。

管住嘴、服务好是重点

九年级的孩子本来就面临着考试和学业的压力，情绪常常不够稳定，如果父母尤其是母亲总是在孩子跟前唠叨个不停，而且大多是一些没有实际意义的空话，孩子自然心烦意乱。这样不仅容易与孩子之间形成矛盾，还会导致孩子产生逆反心理。所以，父母都要管好自己的嘴巴，尽量给孩子鼓励，即使谈问题也要多给具体的方法，而不是空洞的批评。例如，有的父母就总是跟孩子说："不是让你仔细点儿吗？怎么又马虎了？""你写字能不能认真些？能不能把字写好？"这些对孩子并没有实际的帮助。另外，父母还要多为孩子做好生活服务，重点是管好一日三餐，多和孩子一起运动，帮孩子疏导心理压力，多为孩子提供一些科学的方法与信息。

搀扶孩子走过学习"困难期"

一位心理医生讲过这样一个故事：

一位头发花白看起来心事很重而又疲惫的先生，领着一个个头不高的孩子走进咨询所。我以为这是祖孙俩，坐定了才知道他们是父子。父亲刚刚坐下，儿子已经不见踪影，他活泼得很。忧伤的父亲说，这孩子就是他的命根子，他结婚十多年后才有了这个儿子。孩子两岁时，妻子去世，他独自把儿子养大。如今，他58岁，儿子刚刚上九年级。他说自己非常焦虑，因为儿子学习成绩不好，总是在60分的及格线上晃荡。他本来已经下岗，为了让孩子学习好，他省吃俭用给孩子报辅导班，但是效果并不好。这位父亲打过、骂过，也好言相劝过，但是作用都不大。只要一离开父亲的视线，儿子就疯头疯脑地玩得不亦乐乎。

和父亲的忧心忡忡相比，儿子却一点儿也不急。他认为自己的学习状态还可以，对自己的学习成绩也感到满意。我问他："你想过改变现状吗？"他摇摇头说："我不着急，是我爸爸急得不行……"

孩子对学习的热情、韧劲儿不可能始终如一，当孩子遇到困难时，父母的心态最重要。父母心态平和，孩子才能感觉到安全，才能逐渐放松心情，有精力投入学习中。父母要对孩子多鼓励，允许他做自己喜欢的事，帮助孩子获得自信心，接纳他，包容他，搀扶着他走过学习困难期。

2. 把学习压力变成学习动力

蔓蔓是北京市一所著名初中的好学生，她的辉煌纪录是在八年级考到了全校第五名。当时全家特别高兴，爸爸妈妈逢人就夸蔓蔓聪明学习好。转眼，蔓蔓上了九年级，学习成绩却在渐渐下降。妈妈很着急，悄悄地观察蔓蔓每天晚上的学习情况。她发现蔓蔓写作业的速度很慢，经常到晚上11点还没写完作业，一边写一边看墙上的挂钟，有时写一行字要看几次挂钟，甚至停下来不写字盯着挂钟看，有时还用手指着挂钟，跟着指针绕来绕去。老师也跟妈妈反映说，放学后蔓蔓总是最后一个离开教室，她收拾书包特别慢，要收拾40多分钟，全班都走了，她还在一遍遍看她那空空的座位，生怕落下什么。再后来，蔓蔓开始答不完考试卷……显然，蔓蔓有了明显的强迫症倾向。妈妈带蔓蔓去心理咨询时，蔓蔓就哭了，她说自己也不想那样，但是一道题目总是要读七八遍才能开始答题。如果不读七八遍就心里慌，所以总是答不完题目。

事实上，蔓蔓的这种强迫症倾向明显由学习压力引起。因为怕时间过得太快完不成作业，她反而要一次次盯着钟表看；因为怕落下复习资料在教室里影响晚上复习，她要把空了的座位盯上40分钟；因为怕马虎出错，她会一次次阅读考试题目却不能动笔。可见，学习压力不仅能给孩子压力，还会引起一些心理上的问题。

九年级孩子的父母们尤其要关注学习压力对孩子的影响，把学习压力变成学习动力。

成长密码	具体表现
学习成绩出现激烈分化	◇进入初中后，孩子的学习成绩出现了明显分化，尤其八年级更是分化高峰期，九年级时仍然在延续分化状态 ◇父母既要了解孩子有可能会出现的成绩分化，又要注意在自信心方面不要打击孩子
多数初中生成绩不够稳定	◇一般来说，进入初中后有近两成学生成绩在逐渐下降，还有近四成成绩会忽好忽坏。成绩稳定不变的学生较少 ◇对孩子成绩出现的变化，父母要"战略上藐视，战术上重视"，既要及时帮助孩子发现原因，又要沉得住气，不要被孩子一时的成绩变化左右情绪
科目多、内容难是主要学习困难	◇初中的课程设置与小学相比有较大变化，比小学的科目增加了许多，例如生物、历史、物理、化学等。尤其是九年级，在面临中考复习的情况下又增加了化学 ◇即将面对中考，九年级学习的难度有所增大
用成绩做评价标准加大学习压力	◇用学习成绩作为评价孩子和评价自己的标准，是很多父母不经意就流露出来的行为 ◇孩子能从父母的言行中感觉到学习的压力
低度焦虑有利于难度较大的考试	◇适度的压力对促进孩子学习有好处，但是压力过大就容易使孩子焦虑 ◇耶克斯－多德森定律认为，在完成复杂和困难的任务时，动机水平较低更有利于完成任务

教孩子正确的归因方式

父母要改变孩子对学习、考试的看法，不要把学习看作是苦差事，也不要把中考看作人生成败的终极关卡。如果孩子能把九年级这一年的学习看作是一生中只有学生阶段才能得到的享受，他对待学习的态度就会不一样。即使学习很苦很累，在孩子看来也是这个年龄段独有的特权，他们会在辛苦中享受这一段难忘的时光。

多的知识。

——摘自泰勒·本－沙哈尔《幸福的方法》

在学习之外下功夫

"功夫在诗外"，学习也是一样。提升九年级学生的成绩更多要靠非智力因素，因为到了九年级，很多智力方面的差异已经显现出来，如果注意改变孩子非智力因素方面的一些问题，更有可能在短期内提升成绩。例如，九年级时孩子的自学能力、反思能力作用更加明显，但是他们又没有完全脱离小时候被动的、经验式的学习方式，主动性与被动性并存、自觉性与依赖性并存。父母不能只盯着孩子是否用功，要在养成自学习惯，反思习惯，学习主动性、自觉性等方面多下功夫。

给孩子的压力要循序渐进

九年级学习不可能没有压力，但是压力要逐渐增加，父母不要在孩子刚刚进入九年级就如临大敌，要先让孩子适应九年级的学习特点与生活特点，然后再逐渐加快节奏，加大压力。父母也要调整好自己的心态，即使自己内心很紧张，也要在孩子面前保持情绪平和。有的父母喜欢跟亲戚、同事诉苦、唠叨，这也是在给孩子制造紧张氛围。

既要为了未来也要抓住当下

实现了目标会产生成功感和幸福感，这是大多数人都会有的思维。但是，我们往往会走进一个误区，就是只着眼长远而忽略当下。父母在对待孩子的学习问题上特别容易形成这样的认识。例如，有父母常对孩子说："你现在好好学习，以后就轻松了！""就辛苦这一年，考上了好学校就能有个好的未来！"要想让孩子对学习产生幸福感，就不能只关注未来而不考虑眼前。只让孩子看到未来的利益，忽略当下的利益，孩子的学习动力会被压力抵消。如果孩子既享受当下的学习，又明确地知道现在的努力对未来有好处，他才会加油干的。而当下的享受就是学习兴趣。

学习兴趣来自成功的体验

幸福是快乐与意义的结合。孩子知道学习对未来很有意义，但是没有当下的快乐无法产生幸福感，所以孩子在日积月累的学习中容易产生厌学情绪。父母要帮助孩子发现学习的乐趣，这样他就会产生当下的快乐。学习兴趣来自积极的体验，当孩子战胜一个又一个的学习困难时，他就会产生积极的体验，相信自己能行。因此，期望值适中，经常积极评价孩子，帮孩子发现学习过程的乐趣，是减轻孩子学习压力的重要途径。

恰当运用适度的压力

也有的孩子学习压力较小，对学习"紧张不起来"，回家不想写作业，上课注意力不能集中，到考试前才勉强抓起书本。常言道："人无压力轻飘飘"，说的就是这种状况。这样的孩子大多感到空虚，缺乏学习动力。父母要学习运用适度的压力激发孩子的学习动力。例如，鼓励孩子定个近期小目标，待完成后再定另一个目标，一步一步完成学习任务。

3. 用好元认知，学习更高效

父母们有时候会很羡慕"别人家的孩子"，看到"别人家的孩子"学习上能自己管自己，对自己学习、考试中存在的问题心里很清楚，能根据自己遇到的学习问题不断调整心态、方法和对策，对学习时间也有比较好的把握，心里自然是非常艳羡。再看看自己家的孩子，要么平时学习不错，可一到大考就考不好；要么平时学习很用功很刻苦，但是每逢考试就拿不到高分数；要么每次考完试自我感觉良好，觉得自己考得不错，成绩一出来就蔫头耷脑了……理想和现实为什么有这么大的差异呢？

其实，引起巨大差异的是元认知能力。这种能力是需要培养的。心理学上把一个人自我觉察、自我反省、自我评价、自我调整的能力称为元认知能力。元认知与认知有很大区别。以孩子进行一项阅读活动为例，认知就是他读了一本书，从书中认识了一些原来不会的生字，并且知道了一个故事或道理，这是认知。而元认知是对阅读过程的调节和监控。在读这本书的过程中，他首先确立阅读的目的，并制订阅读的计划。在阅读的过程中他能不断地对阅读效果进行检验，了解自己的进度或是否读懂，如果发现阅读中存在问题会及时调整。认知的对象是那本书，元认知的对象是阅读过程；认知的目的是了解一个故事或一个道理，元认知的目的是了解这个阅读过程，并及时进行调控。二者的作用也明显不同，认知的作用就是读完这本书，元认知是通过对阅读过程调整、监控，从而使自己更顺利地读完这本书，达到更好的阅读效果。

小贴士

元认知简单地说就是"对认知的认知"。1976年，美国斯坦福大学弗拉维尔在他的《认知发展》一书中首先提出这个术语。每个人都有一定的思维活动和学习活动，对这些活动进行认知和监控的能力就是元认知能力。

从这些方面来看，元认知的作用是不是很大？父母羡慕的那些"别人家的孩子"，往往就是具备了这方面的能力，他们知道该怎么读书，读书过程应注意什么，发现问题他们会及时调整，因此父母不用操心。正如前面所谈，元认知的内容是相当丰富的体系，包括觉察、反省、评价、调整等。而制订计划、进行时间管理就是其中非常重要的能力。鉴于九年级学生时间宝贵，本小节里重点和父母们谈一下如何帮助孩子掌握时间管理能力。

初中生的自学能力明显加强，而且由于他们的自主与独立意识较强，因此父母这时候需要帮助孩子学会订立学习计划，并进行自我监控，达到有效利用时间的目的。在学业紧张的情况下，跟时间"要"效率是一个有效的办法。

成长密码	具体表现
中学需要更高级的学习策略	◇进入九年级以后，学习科目多，作业量大，综合性的学习内容较多，因此在学习策略上也有更高的要求 ◇计划、反思、辩证思维等方法，就是比小学时更高级的学习策略
计划、监控、调节是元认知的主要策略	◇元认知主要包括计划、监控和调节 3 种策略 ◇计划策略就是要根据目标学会制订计划；监控策略就是要对过程以及执行计划的有效性等进行评估；调节就是发现问题及时调整
用好元认知策略可提高学习能力	◇善于使用元认知策略的学生，学习能力较强，善于做计划，善于发现问题，并调整自己的学习安排
九年级是元认知形成的高峰期	◇孩子的元认知能力也是随着年龄增加不断改善的 ◇中小学生元认知能力呈现波浪式的发展，12 岁和 15 岁是发展的两个高峰期

协助孩子制订细致的学习计划

元认知能力不是短期内能形成的，需要父母在家庭教育中引导孩子在实践中体验成功，感受元认知能力带来的好处，日复一日最终形成习惯。首先，父母要协助孩子根据目标制订学习计划。在目标合适的前提下，和孩子一起制订计划。计划也分大小，既有长期计划，也有短期计划。而且，越是短期的计划越要细化。父母可根据孩子九年级一年的目标，把计划分为上学期、下学期、寒暑假计划，再将每一个阶段的计划细化到每个月、每一周、每一天。

小贴士

目标应达到 5 个标准：

具体性：目标必须清晰，不能确定"学习好""考大学"这样笼统的目标；

可衡量：目标要用量化指标来表达；

可行性：目标在能力范围内，目标还应有一定难度；

相关性：目标与现实密切联系，不能是"白日梦"；

及时性：给目标确定完成日期。

——摘自钟思嘉、王宏、李飞、雨露《儿童时间管理训练手册》

教孩子学会管理时间

时间管理就是有效地运用时间，把该做的事情做好，提高效率，快速达到目标。时间管理是当代社会人们必须具备的能力，也是一辈子都会受用的能力。这一能力应从小开始培养。"时间就是金钱"，对九年级的孩子来说"时间就是成绩"。父母可以和孩子一起收集需要完成的任务，对任务进行分类并排序，在高效率的时间内完成最重要、最紧急的任务。

教孩子学会反思

九年级这一年学生的课程学习变化很大，特别需要孩子具有反思能力。反思也是元认知能力的重要部分，要自我觉察、自我评价、自我调节，就更需要有自我反思、反省的能力。父母要多鼓励孩子提问和探究，并引导孩子及时行动。

小贴士

强烈的自我意识、理性的批判精神、主动的探究能力、坚韧的意志力和有效的行动力是具有较强反思能力的人在反思活动中表现出来的显著特征。

了解孩子磨蹭拖拉的原因

父母不要认为孩子磨蹭、拖拉就是太笨、不爱学习，要了解产生这些现象的真实原因。例如，有的父母总是在孩子完成一项任务后又增加一项，孩子感觉难以拥有自己的时间，所以他会用磨蹭的办法去争取自己玩的时间。

多激发孩子的反思意识

反思始于疑问，父母要在生活中创设问题情景，在日常生活的每一天，带着孩子去发现生活中那些值得思考的问题。有的家庭每周会召开一次家庭会议，家庭成员一起讨论自己的优点与不足，哪些方面还可以做得更好。这也是一种互相促进反思的好办法。

4. 掌握面向未来的终身学习能力

在网上搜索"中考撕书",立刻会跳出一系列视频和新闻,都是关于学生中考前后撕书的内容。还有一些论坛上有学生的发言,在讨论中考之后先撕哪本书。从表面看,孩子的行为是减压,是发泄。但是,根本的原因是孩子们学习不快乐,他们被压抑了太久太久。

在很多父母看来,学习是一件多么幸福的事情啊,能没有后顾之忧地坐在课堂,享受学生时代的幸福时光。这段时间孩子们怎么就不珍惜呢?也有的父母把中考当作一场必须打赢的战役,父母的压力比孩子的压力还大。这样的心态,只会让孩子更痛恨学习。

中考虽然重要,然而中考只是初中的一个阶段性考试而已。告别九年级,无论孩子就读高中还是中职,抑或从此走上社会,终身学习的能力是必需的。因此,父母还要着眼未来,培养孩子面向未来的学习能力。这样,无论将来孩子在哪里生活,做什么工作,他都有学习能力,学习也是能使人一生幸福的能力。

成长密码	具体表现
学习不再是阶段性任务	◇现代社会，学习与工作这两个阶段几乎不可分离，即使博士毕业了，也只是一个新的学习阶段的开始
学习是为了更好地发挥潜能	◇让孩子感到快乐的学习正是那些使他们发挥了潜能的学习 ◇现代社会的学习应当是开放的教育而不是封闭的教育，是使人发挥潜能的教育而不是使人厌倦的教育
有用的知识能提高生存质量	◇英国著名教育家斯宾塞认为，那些为未来生活做准备、使人们能够获得生存和发展、度过完美人生的知识最有价值 ◇有用的知识不仅来自书本之内，还来自书本之外

关注孩子没问出来的问题

终身学习要建立在浓厚的学习兴趣上。没有兴趣，学习味同嚼蜡，自然不想终身学习。每个孩子出生时都带着好奇心而来，他们想探索这个世界，对世界充满了解的愿望。但是，从幼儿园到大学，孩子的学习兴趣逐渐丢失，因为我们有太多的"标准答案"需要他们去背去记，记不住就会受到惩罚。因此，父母要改变这种倾向，多关注孩子感兴趣的问题，了解他们的好奇点在哪里，尤其是那些孩子没有问出来的问题也要多引导，鼓励孩子的探索精神。

让孩子的学习更"有意义"

有的孩子不爱学习，是因为他们觉得学习没用，中考后把书本一扔，就什么都不记得了。因此，父母要让孩子感受有意义的学习。有意义的学习应该是以孩子为主的，让孩子在好奇心的基础上去探索和发现，既获得知识又发掘了潜能，从而感到愉悦，激发更强烈的好奇心。如果在学习过程中，孩子不断被否定，不断被批评，全靠死记硬背，自然难以形成持久的学习兴趣。

了解网络时代的学习方式

互联网时代，学习方式发生了很大改变，学习资源也越来越全球化。父母要了解时代的新变化，了解"00后"一代学习的新模式，了解他们对学习的期许与追求。唯有如此，父母才能跟得上学习方式的变化，用新的教育理念引领孩子走向新时代。

父母要做终身学习的榜样

孩子对学习的态度与父母息息相关，在生活中父母保持好奇心，保持对生活的一腔热情，不断给自己充电加油，孩子都会看在眼里记在心里。家庭里充满学习的氛围，孩子自然对周围的一切充满好奇。因此，父母要在这方面给孩子做榜样，在家里多读书看报，多谈论新鲜事物。

回顾与思考

1.您和孩子的老师定期沟通吗？都沟通哪些内容呢？

2.您和孩子一起制定过九年级的目标吗？不妨和孩子一起将目标细化一下。

3.您还记得设定目标应达到的 5 个标准是什么吗？

4.元认知主要包括哪三种策略？和孩子一起试着在学习过程中使用它们。

5.为什么说所有人都需要终身学习的能力？

6

第 六 章

学会交往是成长的要义

1. 同伴关系是初中生最重要的人际关系

意大利的洞穴专家毛里奇·蒙培尔进行过一个实验，他把自己关在一个地下溶洞里，这个溶洞里设备优越，起居舒适，环境密闭，想看电影就看电影，想抽烟就抽烟，想锻炼就锻炼。大家都觉得这个实验好享受啊，能不受干扰地在这里生活，想干什么就干什么，没有人打扰多好啊。这个洞穴专家在这里生活了一年，在这一年里，他抽了380盒香烟，看了100部纪录片，在健身车上骑了1600千米。一年以后，他离开洞穴时，脸色苍白，身体虚弱，眼神呆滞，丧失了与人交往的能力。

可见，人类天生具有交际的需要，而对初中生来说，他们更有交际的需要。他们这个年龄，同伴交往是最主要的，也是他们最需要的人际关系。调查发现，孩子们认为最幸福的事情，第一是有温暖的家，第二是有知心朋友。

朋友是个永恒的话题。到了九年级虽然学习紧张，但是如果有朋友支持，他们面对压力时就会好过一些。他们可以通过同辈群体的帮助，走出困境，遇到烦恼也会有人诉说，从而减轻压力。青春期的同伴交往不是耽误工夫、浪费时间，是成长必须经过的步骤。

成长密码	具体表现
好朋友多的孩子孤独感低	◇孩子在同学的接纳、友谊中能获得情感支持,在集体中有归属感,感觉自己属于这个集体,被身边的朋友看重,因此孤独感会比较低 ◇被同伴拒绝的孩子,比那些受欢迎的孩子有更强烈的孤独感
有朋友的人自信心比较强	◇确定自我价值是青春前期及青春期的主要任务,有朋友、朋友多的孩子,感觉自己更让人喜欢,因此也有更多自信心,对自我价值的判断也更倾向于积极 ◇如果孩子在青春期时同伴关系较好,这样的人在成年以后也会心理更健康
中学生需要亲密朋友	◇孩子对同伴关系的要求更高了,他们需要能给自己心理支持的亲密朋友,兴趣爱好相同、性格相投,甚至信念一致才能成为亲密朋友 ◇和亲密朋友在一起可以分享小秘密,共同进行喜欢的活动,遇到生活困惑互相解惑,碰到一些困难互相帮助
好的同伴关系可以缓解家庭问题	◇有的家庭父母对孩子过于严苛、控制欲强,有的家庭父母对孩子忽视、关爱不够,这会使孩子与家庭产生疏离的感觉 ◇如果孩子有很多朋友的话,家庭对他们的不良影响会减小

尊重孩子的朋友选择

中学生选择朋友有自己的标准,有的爸爸妈妈总怕同伴把孩子带坏,因此对孩子的同伴交往横加干涉,不允许孩子出去玩,更不许孩子把同伴带回家，学习之余只允许孩子在家看电视、上网。这样做会伤害孩子的成长，使孩子的情感难以健全发展。因此，父母要尊重孩子，给孩子选择朋友的权利，尤其不要把学习好作为孩子选择朋友的唯一标准。

小贴士

中国青少年研究中心 2015 年对全国十个省（市）的少年儿童进行调查发现，孩子的择友标准前四项是品行好（58.7%）、重视朋友（54.6%）、和自己有相同的兴趣（33.2%）、学习好（29.0%）；父母希望孩子选择朋友的前三项标准分别是品行好（65.5%）、学习好（60.2%）、重视朋友（33.3%）、和自己有相同的兴趣（13.9%）。可见，父母更希望孩子选择学习好的朋友，与孩子的选择差异较大。

关注孩子的朋友圈子

尊重孩子的交友权利，并不意味着父母可以对孩子的朋友圈子视而不见。相反，父母要细心观察孩子的同伴交往，了解孩子的朋友是什么样类型的人，对孩子的朋友交往给予引导和监督。初中时孩子最容易受朋友影响，如果孩子确实交了不良的朋友，父母必须尽快想办法让孩子与坏朋友断绝来往，避免孩子被"朋友"教唆走上违法、犯罪道路。

引导孩子多发现朋友的优点

初中生自我意识强，尤其到了九年级，对自我的形象、在朋友中的地位等更加在意，有时甚至为了维护自己的形象而变得以自我为中心。发生这些问题的孩子大多成绩好、能力强，因此容易眼中无人，反而在同学中不受欢迎。对九年级的孩子，父母还不能"听之任之"，还要教他们一些与人交往的注意事项，引导孩子多看朋友的优点，全面地认识朋友和自己。著名儿童文学作家杨红樱有个好办法，她建议女儿在认识新朋友或新同学时，在五分钟内找出对方的一个优点。

引导孩子接纳朋友的个性

每个人都有自己的个性，有时朋友的个性并不让自己喜欢，这时需要孩子有包容心，尊重别人的个性。初中生是非观念很强，遇到自己做得对而朋友做得不对的情况，更容易"得理不饶人"。建议父母要教孩子尊重差异，不要因为朋友的个性与自己不同就全面否定对方。

2. 教孩子应对来自同伴的压力

楠楠刚上九年级不到一个月，就跟妈妈嚷着说要退学，妈妈一下子就蒙了。

楠楠是个成绩很好的孩子，小学时就是班干部，一直以来她都深受老师喜欢和邻居夸赞。楠楠的爸爸是个工程师，妈妈是一位教师，对孩子要求比较严格，从小到大听话懂事，学习抓紧时间，上课认真听讲，作业工整。八年级时就主动跟爸爸妈妈说想在九年级时住校，这样能省一些路上的时间，可以学得更好。楠楠还把自己中考的目标定为本市一所特别有名气的学校。

原来，楠楠的问题主要出在住宿上。过去，她一直住在家里，家中全是爸爸妈妈的呵护与关注。住宿以后，她觉得宿舍里的同学都太差了，她们的学习成绩没有自己好，过去的经历也不如自己辉煌，有两个还是这学期从郊区转学来的，她们不爱干净，经常把宿舍弄得乱糟糟的，吃完饭的碗几乎从来不刷，就往那里一扣。等下次吃饭的时候到水龙头下涮涮就继续用。她们换下来的短裤也扔在地上的盆里泡着好几天不洗……

楠楠说："我看见那个环境就恶心，我也懒得和这样的一些人说话，她们每天倒是过得特别开心，吹牛、聊天、听音乐……每到这时我都拉着帘子在自己的床铺上待着，堵住耳朵。"

久而久之，同学们就疏远了楠楠，经常不和她说话。本来宿舍里几个人聊得挺热闹的，一看见楠楠走进来，都立刻闭嘴了，好像有什么秘密怕楠楠知道。下课后，原本一起去食堂的，但是大家看到楠楠来了，就分散走了，谁也不和楠楠多说什么。楠楠感觉越来越被孤立，所以她跟爸爸妈妈闹着要退学。

从这个案例可以看到，楠楠似乎站在"正确"的位置，她听话，讲卫生，追求上进，不和同学"同流合污"……但是，楠楠却被孤立了，同伴不爱和她交往，她感受到了来自同伴的巨大压力。这里暂且不谈楠楠在与同伴交往中存在的问题，只谈来自同伴的压力给她带来的苦恼。

同伴能带来温暖与友谊，但是同伴也能带来压力与困扰。和小学生相比，初中生感受到的来自同伴的压力往往更大。这是因为小时候的同伴交往大多是群体式的，大家只要一起玩就行了，一个同学不和你玩了，还有好多个同学和你玩，因此很少感到被孤立。但是到了中学，同伴关系转为亲密关系，大多几个人在一起，分享秘密或进行共同感兴趣的活动。初中生特别喜欢被认可与被接纳，如果这时被孤立和被排挤，孩子会承受很大的压力。

这种来自同伴的压力甚至会给孩子带来精神折磨，影响他们的情绪与心情，使他们难以集中注意力去学习，在学校里更无法心情愉快地生活。父母要特别关注孩子的同伴压力，并教孩子一些应对同伴压力的技巧，使孩子既享受同伴友谊，又不受到伤害。

成长密码	具体表现
同伴压力有积极和消极两种影响	◇一方面，孩子从同伴那里获得支持，对自己的价值观、行为、爱好等有独立的思考，从而减少对父母的依赖 ◇另一方面，他们也有可能受到成长与发展方面的伤害。例如，从同伴那里学会了抽烟、喝酒、说脏话等
初中生的同伴压力最大	◇自我认可、自我接纳、自我同一性，这是初中生心理发展的重要任务 ◇小学生对自我价值的判断较少，高中生也已经有了更深刻的认识，唯有初中生，如果他们被同伴拒绝、排挤，他们对自我的判断也会受到影响
长期被同伴拒绝会带来长久负面影响	◇初中以后，孩子在集体中的同伴关系会影响到他未来上高中或走到社会上与他人的交往，也会影响到孩子的自信心，不能及时引导甚至会形成社交障碍
父母的养育方式影响同伴压力应对结果	◇如果父母在孩子心目中有权威，能多给孩子一些情感支持，孩子遇到同伴压力时更有可能尊重父母的教导和要求，遵从父母的规矩与规则，面对消极的同伴压力会顶住压力，不被坏同伴影响，不会让父母担心"变坏"

小贴士

同伴关系对孩子成年后的人际交往能力和心理健康水平有显著的预测作用。中学阶段拥有充足朋友、与朋友保持稳定而较亲密友谊的孩子，到了成年期，往往人际交往比较顺利，且心理更健康。而中学时缺少朋友、被同伴排斥的孩子，到了成年期往往会经历人际交往不良，甚至产生反社会的举动。

——摘自边玉芳《读懂孩子》

了解孩子与同伴交往的状况

同伴交往既然是孩子初中时特别重要的人际关系，父母就要给予更多的关注，了解孩子的交友状况，并且了解孩子在同伴中的位置。北京市青少年心理咨询服务中心王建宗统计了 5 年所接收的 6 万多人次的热线电话咨询内容发现，人际关系方面的问题占 42%，居于首位。可见，很多孩子受到同伴交往的困扰，父母不能只关注学习，忽略孩子的同伴与朋友。

教孩子应对同伴压力的技巧

研究发现，缺乏交往技能的孩子往往面对更大的同伴压力，尤其在被排挤、被孤立时无所适从，也常常不敢跟父母、老师说，只能苦闷地憋在心里。正如前面提到的楠楠，父母就要教她如何面对来自不同环境、有不同行为习惯的同学，在集体的环境里怎样调整自己的个性等。同时，父母还要教她一些应对同伴压力的技能，如直接拒绝、转移话题、拖延时间、找借口离开等等，都是孩子面对同伴的一些压力不想屈从时的一些做法。但是九年级的孩子往往在技能上还不够娴熟，甚至缺乏勇气，父母要在家里多一些指点和训练。

引导孩子多反思自己的言行

在同伴压力的相互关系中，无论是施压者还是受压者都存在自己的问题，正如楠楠，她看起来那么好，是老师和父母喜欢的孩子，但是她没学会与不同的人交往，看到不喜欢的行为就疾恶如仇，避而远之，同学自然也对她避之不及。建议父母要多引导孩子反思，认识到自己做得不妥的地方，多发现同学的优点，学会宽容与合作。

小贴士　三类孩子容易被孤立

性格有缺陷的孩子：如孩子的性格比较内向、不爱交流、自卑、敏感、多疑；在学校表现差的孩子：如孩子不遵守课堂纪律、常被老师批评、成绩不好；条件很优越的孩子：如孩子成绩特别好、长相特别漂亮、家庭经济条件特别优越、自傲、自以为是。

警惕孩子遭遇"同伴欺凌"

近几年来，校园欺凌问题引起人们的广泛关注，做父母的最担心孩子在学校或生活中受到同龄人的欺负。在网络上可以看到很多同伴欺凌的案件，如重庆一个初中女生，因为在宿舍里太邋遢，被宿舍其他 5 个女生打耳光，打成了十级伤残，还有的初中生承受着被扒衣服、打耳光、逼着喝尿等更严重的校园欺凌，使孩子的身心深受伤害。父母要关心孩子的情绪，了解孩子的校园生活与同伴交往情况，如果孩子遇到了校园欺凌，又不敢告诉父母的话，父母的细心、鼓励、支持，就是孩子疗伤的最好药物。

尽到监护责任，预防"同伴欺凌"

2015 年 11 月 19 日，《现代教育报》报道了初中生校园欺凌的状况。中华女子学院发布的《初中生校园欺凌现象研究》显示，遭遇欺凌后不曾选择求助的学生占总比 48.9%，52.6% 的学生说遭遇欺凌而不报告的主要原因是"怕丢脸面，在同学中抬不起头"。父母要关心孩子的生活，对孩子的学校生活、同伴交往尽到监护责任。

小贴士　同伴欺凌主要有四种类型

言语欺凌：以辱骂、嘲笑、议论别人的缺陷等为主；

身体欺凌：以殴打、踢踹、推搡、触碰等身体伤害为主；

关系欺凌：以排挤、冷落、漠视、孤立他人为主；

网络欺凌：以网络为媒介，对他人进行谩骂、造谣、说谎等。

九年级学生遭遇到关系欺凌的人数最多。

改善养育方式，减少"同伴欺凌"

欺负同伴的孩子与被欺负的孩子，在人格特质上都存在一些问题。这些问题与家庭的养育方式有密切关系。例如，攻击者的家庭大多缺乏温暖，父母经常用粗暴的方式对待孩子，与孩子的关系紧张，对孩子充满敌意。这样的孩子容易到外面去发泄情绪，找到被欺负者。经常被欺负的孩子，也大多生活在一样的家庭环境里，父母与子女之间缺乏民主，亲子关系不良，父母比较强势，孩子缺乏安全感，焦虑，自尊心较差，或者被父母过度保护，与他人交往的能力低下。建议父母为孩子营造民主的、温暖的、支持的家庭环境，使孩子的个性得到健康发展，这样更有利于减少同伴欺凌发生。

3. 细心呵护情窦初开的感情

一位单亲妈妈记录了女儿初中的成长历程。她写道：

我女儿今年 16 岁，上九年级。

像所有进入青春期的女孩一样，她升入初中后，有长达两年多让我非常头疼。比如，她痴迷地恋上一个男孩，因此学习成绩下滑到班里倒数几名。有一次女儿拿回成绩单，数学成绩竟然才 50 多分。她当初入学时，可是门门功课都 90 多分，名列班级里的前十名啊。现在，我拿着她的成绩单，手都发抖了。可是女儿没有惭愧，也不惊慌，只是轻描淡写地说题太难了，班级里不及格的还有 10 多个呢。

女儿还说，您不要以为学习简单，其实那也是受苦受罪，我们同学都说了，读书不如谈恋爱，人在教室心在外，读书为了考大学，恋爱为了下一代。

……后来，我从老师那儿了解到，女儿单恋着班里一个叫杨帆的男孩。

（摘自《一个故事一堂课——孙云晓妙评真实家教 50 案》）

异性交往、单相思、爱慕异性等问题，在孩子上了初中以后可能会逐渐多起来。这不仅在孩子心里是敏感话题，在父母心里也是敏感话题。父母要先了解初中孩子的心理特征，才能艺术地处理孩子在青春期的异性交往问题。

成长密码	具体表现
初中是异性交往的敏感期	◇到了九年级，孩子的同伴交往活动从同性交往开始向异性交往转移，仅仅靠同性交往已经不能满足他们的交往需求
与异性交往是青春期的重要发展任务	◇良好的异性关系有助于孩子在青春期发展健康的自我同一感，并且为未来走向健康的两性关系打下基础 ◇在与异性的交往中学习了社交技巧，锻炼了社交能力，这也是中学时期成长的重要任务
初中生对异性的好奇心很强烈	◇青春期性意识的觉醒使中学生对异性有了很强烈的了解欲望，他们愿意与异性交往，并且与异性的关系往往好于同性 ◇课余时间，异性话题常常是孩子们之间的重要话题，并且很多孩子认为异性的优点比同性多。产生这样的心理，与青春期的生理发育有密切关系
少部分孩子异性交往向"一对一"过渡	◇九年级时的确有部分学生已经跨入了初恋阶段，但是所占比例并不高 ◇心理学的研究发现，八成多的初中生和五成多的高中生认为，恋爱的念头仅仅在大脑中一闪而过，极少数的初中生和两三成的高中生对谈情说爱有向往，付诸行动的只有不到10%
初期的恋爱关系大多是为了证明吸引力	◇在初期建立的恋爱关系中，孩子们大多并不是为了"性"这个目的，而是把恋爱作为一种验证自己、考察自己的背景 ◇孩子们想知道自己在异性中有多大吸引力，同伴怎么看这个问题，自己怎么做才更"正确"

心理社会发展的年龄和阶段：第一，自我社交性阶段。婴儿时男孩女孩都只对自己感兴趣，2～7岁开始寻求其他孩子陪伴但不关心性别。第二，同质社交性阶段。8～12岁更愿意与同性别小孩子玩，性别不同的小孩之间存在某种程度的对抗。第三，异质社交性阶段。13～14岁时男孩女孩都对异性感兴趣，15～16岁一些男孩和女孩结成对子，17～18岁不少青少年与异性约会。

——摘自彭庆红《异质社交性与美国青少年的异性交往》

发现爱的蛛丝马迹要坦然和冷静

当父母发现了孩子有一些恋爱的蛛丝马迹，哪怕是证据确凿，父母也一定要冷静冷静再冷静，并且要坦然。因为从前面笔者揭示的"成长密码"可以看出来，这就是孩子成长中的规律和探索。父母要是先暴跳如雷，不但管不了孩子的行为，还容易使孩子的小秘密迅速发展为"野火烧不尽，春风吹又生"的局面。

巧妙引导胜过冷嘲热讽

坦然、冷静当然不是放手不管，父母要做的是巧妙引导。要想引导孩子，先要与孩子建立良好的亲子关系。如果关系紧张，引导孩子几乎无法进行。前面提到的那位单亲妈妈，她遇到女儿单恋的问题时，就没有责问孩子，而是在聊天时跟女儿说起自己的单身问题。

她这样记录了她和女儿的交流：

女儿的情感世界既让我心惊，也让我担心。情感问题，即使如我一样的中年人，也会有处理不好而备受折磨的时候，女儿毕竟是孩子，她洁净而脆弱的内心世界，要扛这么重的单恋，该有多苦啊！

当晚，我没有责问她，更没提她的日记。吃饭的时候，我像聊天一样向女儿说起自己的难题。

我说："于心，本来晚饭后我也愿意下楼散散步，可是咱们的院子太小了，到处都是宠物狗，如果妈妈有个对象就好了，是吧？有他跟着，起码咱们不怕狗了。"

女儿点点头说："那也是。"

我接着说："哎，你们班有个叫杨帆的同学吧？"

女儿一下子很警惕，紧张地看着我，担心我要责问她。

我说："听说杨帆的爸爸也是单身？好像还是高级工程师，有技术的，你帮妈妈介绍一下他爸爸吧。"

"妈妈，你想跟他爸爸谈对象？"

"是呀，可以先认识一下呀。"

"哈哈哈！"女儿听后大笑。她好久没有这么放松了，开心地大笑了。她说："妈妈，您真逗，什么都敢说。我要是给您介绍我同学的爸，让别的同学知道了，还不笑死我啊！"

我说："那有什么可笑的？ 你们同学有这么多人玩还嫌孤单，还愿意一对一地搞对象，妈妈都这么大岁数了，天天一个人，妈妈也怕孤单呀，想有个伴儿有什么好笑的呢？"

女儿严肃而认真地点点头："唔，也对，不过介绍我同学的爸，我还是觉得不行。这样吧，您让我再想想。"

"你们班的杨帆怎么样？他的人品如果好，他爸爸应该也不错。"

"杨帆嘛，我觉得他挺好的，可大家都说他自私。"

"怎么自私？"

"谁有了事他都不管，背起书包就跑，班里的劳动他也从来不参加，更不会给哪个同学买礼物，都是大家送礼物给他。"

"那，你喜欢他什么呢？他对女同学好吗？比如舍得牺牲自己的一点点利益吗？"

"不，从来不，学校开运动会的时候，他连桌椅都不帮忙搬，他说他不喜欢干这些，麻烦。"

"那我觉得你可不该恋他，也许将来他和你散步时，碰上刮风了，下雨了，他会连衣服都不肯给你披，一个人先跑了，太自私的人，也不会真爱别人。"

"好像有点儿道理。"女儿说完陷入了沉思。

那晚，因为谈论我的对象问题，家庭氛围前所未有地民主，女儿像女友一样听我倾诉，帮我分析，我倾诉我的烦恼，她诉说她的烦恼。这次谈话，是她青春期以来我们母女俩最长最热烈的谈话。

可见，巧妙的引导，循循善诱，启发孩子去思考，比冷嘲热讽、大呼小叫、暴跳如雷更有效，也会使家庭氛围更和谐。

不将感情与学习对立起来

父母对孩子的评价，常以学习做标准。如果成绩好，即使恋爱父母也认为没什么，如果成绩不好，就算有风吹草动也不行。这样做其实是把感情与学习对立起来。无论是学习还是异性交往，都是孩子成长的重要任务，二者缺一不可。对孩子来说，感情和学习都是重要的，他们不会因为正上九年级面临中考就停止他们的情感需求和成长。

为群体异性交往创造条件

九年级的孩子渴望与异性交往，而且异性交往有利于孩子的社会性发展，父母就要为孩子的异性交往创造条件，并利用各种合适的时机加以引导。靠围追堵截肯定是不行的，也是非常不明智的行为。九年级基本上处于接近异性的狂热期，父母要允许孩子把异性朋友带到家里玩，也要允许孩子多和异性朋友出去玩，尽量鼓励孩子进行群体交往而非"一对一"交往。

4. 理智看待孩子的网络交友

据 2014 年某报报道:

一名九年级女生见网友，被猥亵后且当街被掐死。内蒙古自治区某公安局指挥中心接到一居民报案称：看到一名男子正对一名女子施暴，且该女子可能死亡。接到报警后，民警迅速赶到现场，发现地上躺着一名年轻女子，已经死亡。随后，民警在案发现场附近抓获了犯罪嫌疑人曾某某。经查，死者今年 16 岁，是名九年级学生。2013 年，该女生和犯罪嫌疑人曾某某（24 岁）通过 QQ 聊天认识，最近半个月联系频繁。案发当日 17 时许，两人联系见面后，曾某某在案发现场多次猥亵了该女生。期间，两人发生了争执，曾某某遂将该女生掐死并准备进行强奸，结果被过路人发现并报警。

这样的案例在网上并不少见。所以，父母们特别担心孩子上网结交了不良的朋友，因此对孩子使用 QQ、微信等社交软件防备心特别重，也因此常常引起亲子矛盾。

如今互联网几乎包围了人们的生活，我们用网络收邮件、与朋友交流，我们在网络上阅读新闻，在社区上发表自己的想法，通过网络购物，在线听音乐看电视，还在网络上与外地的同学一起上课……网络交友自然也是不可避免的一项功能。中学生需要朋友，想有人能与自己分享小秘密，特别希望有人倾听自己的心声，而且他们对网络交友这样的新鲜事儿又充满了好奇心，尤其对远方的、隔着屏幕的朋友充满好奇，更吸引他们去尝试网络上的人际交往。孩子在线人际交往这个话题是父母绕不过去的，必须和孩子一起面对网络人际交往问题。

成长密码	具体表现
网络社交是孩子使用网络的主要行为	◇调查发现，孩子们使用手机的主要功能，前三项分别是打电话、听音乐和用 QQ、微信等社交软件 ◇孩子上网的主要目的，第一位就是使用 QQ、微信等社交软件聊天交友
网络交友越来越普遍	◇中学生越来越接纳网络交友 ◇现在"网友"这个词几乎与朋友一样，经常在生活中被提起，网络交友的影响力正在扩大
九年级学生对网友最依赖	◇网络交友给孩子留下深刻的印象，既让他们感受关怀和友谊，又带来很多与现实生活不一样的体验 ◇从七年级到九年级，孩子对网友的依恋逐渐升高，九年级是最高的
亲子关系差的孩子热衷网络交友	◇如果父母与孩子的关系较差，他们会感到孤独，从而倾向于去寻找另外的精神寄托来弥补家庭亲情 ◇如果亲子关系差，孩子也更乐意到网络上去寻找呵护、关爱、亲昵
同伴关系差的孩子更乐意网络交友	◇如果孩子与同伴关系不好，或者受到更多同伴压力的话，他们更喜欢转到互联网上去，在网络上寻找朋友

引导孩子认清网络交友的特点

网络交友毕竟和现实中的交往不同。现实中的交往是人与人相处，而网络交友是人—机器—人的相处。机器作为中间媒介，改变了人与人直接的、面对面的交往。现实中的友谊往往更直接更真实更稳定，而网络上的友谊则多了一些间接和随意，甚至还有着明显的虚拟性。

教孩子几招辨别网友的能力

网友并不一定是坏人，甚至还有很多好人，会给孩子带来很多帮助、感动等。因此，父母不能限制孩子网络交友，而要教孩子辨别什么是好网友，什么是坏网友。同时还要强化网络自我保护的意识，例如不要轻易透露真实信息、不要单独与网友见面等。

与孩子"约法三章"

九年级的学生毕竟学习任务较重，从时间上来说也不能多与网友交往。所以，父母要和孩子"约法三章"，确定孩子每周可以上网的时间，以及在网络上可以做和不可以做的事情，并要求孩子合理安排作息时间。

多鼓励孩子线下交友

无论如何，线上人际交往不能代替线下的人际交往，父母要多鼓励孩子从网络上抽身出来，多和现实中的朋友交往。父母还要为孩子创造交友的条件，例如鼓励孩子把朋友请到家里来，鼓励孩子与身边同龄人一起玩，等等，让孩子感受到现实友谊的温暖。

多关注孩子的心理需求

中学生精力旺盛，爱展示自我，情绪又不够稳定，有心理困惑的时候常常特别想找地方宣泄。父母要多关心孩子的心理状况及情绪情感，培养孩子的兴趣爱好，多为孩子提供展示自我的机会，让孩子对自己、对生活有信心。这样的孩子即使网络交友也不会走偏，更不会沉迷。

回顾与思考

1.您是否了解孩子的朋友？孩子有几个比较亲密的朋友呢？

2.同伴压力的积极影响与消极影响分别是什么？

3.父母怎样做才能帮孩子应对同伴压力？

4.九年级的孩子对异性的情感一般来说会有哪些变化？

5.为什么亲子关系差的孩子更希望与网友聊天？

7

第 七 章

开启职业理想之门

1. 从关注升学到关注未来发展

　　小美是浙江萧山的一名九年级女生。她说自己的苦恼很多，在学习上不是尖子生，也不是特别差的学生，所以她说自己更苦恼。如果成绩特别好，就直接准备上高中。如果成绩特别不好，就选择去职业学校。但是现在这样不上不下的成绩，小美说她忧虑极多，担心考不上高中，那样爸爸妈妈首先会受不了的。

　　她说："我爸妈对我和弟弟特别好，好像一辈子就是在为两个孩子服务。每天早晨不到6点，妈妈就起床给我做早餐。我家离学校远，爸爸都会开车送我去上学。我们学校的升学率不是太高，和城市里的学生比不了。我争不过那些成绩好的学生，真不敢想象，万一我没有考上高中会怎样。我担心对不起爸爸妈妈也对不起我自己。我想，如果到了那一天，说不定我会选择去死！我不是说着玩的，父亲为了我和弟弟生活得好一些，不得不辞了原来收入不高但较轻松的工作去做生意，每天辛苦操劳又操心，看起来苍老了很多。母亲只有小学文化，在家里操持家务。虽然她平时特别爱唠叨，但她却是个好妈妈。前段时间她摔了一跤扭伤了腿不敢走路，我想要帮她做些家务，她却说'你好好读你的书，什么活儿都不用你干'，可是我的成绩太让他们失望了。我不敢求他们原谅，因为他们给我的太多太多。如果我考不上高中，我只能以死谢罪了。"

从小学一年级到九年级，如今的确到了学校生涯的岔路口。九年级结束后，义务教育就完成了，未来的路何去何从？父母和孩子都在思考，都面临着选择。小美是个有情有义的女孩，她体谅父母的辛苦，对父母有孝心，但是她也面临着极大的中考压力，甚至认为如果考不上高中就只能"以死谢罪"。

小美有这样消极压抑的心理，不知道深爱小美的爸爸妈妈是否了解。事实上，对很多九年级学生来说，从跨入九年级的那一天起，这个问题就仿佛"楼上没有扔下来的那只鞋子"，时刻悬在心头。要缓解孩子的心理压力，让孩子从容面对九年级和以后的路，有效的办法是及早给孩子一些职业生涯规划的教育，把关注孩子的考试成绩、升学结果转变为关注孩子的未来发展。这样，九年级来了孩子不会慌张，中考失败孩子也有路可走。

小贴士

职业生涯规划是指人们根据自我的主观条件如兴趣、爱好、能力、特点等进行综合分析与权衡，并结合时代需求，对自我未来要从事的职业和工作目标进行系统的、有计划的设计。

成长密码	具体表现
九年级是职业生涯探索的关键期	◇初中时孩子的抽象思维发展更迅速，他们需要将自我的认知与未来的职业发展更现实地结合起来 ◇初中阶段尤其是到了九年级，面临中考和未来道路的分化，孩子们开始了真正的职业探索
初中的职业探索重在尝试与体验	◇初中阶段，孩子从职业幻想到开始各种尝试，在整个职业发展中还只是刚刚起步 ◇初中阶段重在根据自己的兴趣爱好，结合个人的能力，不断地调整角色
职业规划是选择未来的人生方向	◇把职业规划等同于就业找工作的想法是错误的 ◇职业规划的目的是为了帮助孩子找到未来的人生方向，并且找到奔向目标的路径。职业规划是探索、尝试、规划的过程，是孩子认识自我与他人，认识家庭与社会的过程
职业规划有利于扬长避短	◇在做职业规划时，孩子既要了解自己的优势与强项，也要了解自己的不足与弱项，同时还需要把学业的发展与自己的兴趣爱好、家庭资源等结合起来
关注未来发展是更重要的养育目标	◇如果父母把关注成绩和升学作为主要养育目标，就会导致孩子考不好父母就特别失望甚至打骂孩子的情况出现 ◇父母不要仅仅关注孩子的升学和成绩，更要关注孩子的未来发展，要把关注未来发展作为更重要的养育目标

放手让孩子参加社会实践

初中生的成人感很强烈，喜欢表现自己，有强烈的独立性要求。父母要多放手让孩子参加社会实践，鼓励他们多为社会尽义务。虽然表面看孩子耽误了一些学习时间，但在放手实践中孩子更能全面了解各行各业，也客观地了解自己的能力与兴趣。

引导孩子全面客观评价自己

随着年龄增长，初中生对自我的评价水平逐渐提高，但是和高中生、大学生相比，还远远不够全面、理智。初中生的职业目标不能切合实际，和他们不能客观评价自己有密切关系。由于认知水平和心理发展的局限性，他们更善于评价别人，对自己的评价则不够客观。父母要多引导孩子既看到伙伴身上的优点又看到自己的不足，也可以请孩子与伙伴互相评价，在朋友的评价中了解自己的长处与不足。

职业生涯教育与人生观、价值观教育相结合

初中生是形成正确的人生观、价值观的重要时期。对职业的选择与看法，也和一个人的人生观、价值观有密切联系。例如，有的

初中生想出名或赚大钱，因此并不考虑自己的实际条件，只想当明星、老板或做公司老总。另外，由于初中生的思想还不够成熟，兴趣爱好还不够稳定，人生理想也大多摇摆不定，对一些偶像也仅仅停留在语言、穿衣打扮等行为的模仿上。父母要加强引导，尤其是要帮助孩子梳理正确的人生观与价值观，使孩子立足现实，结合自己的兴趣爱好，将个人理想与社会需要紧密结合，从而形成贴近自我的职业理想。

职业生涯教育与心理健康教育相结合

初中生的情感比小学生更丰富更敏感，无论是对学习还是对未来的出路，也都有了一定的自觉性和进一步的思考。但是，初中生对世界的认识也存在一定的盲目性和片面性。他们经常争强好胜，也经常垂头丧气。父母既要看到孩子的成长，又要了解这个年龄的孩子独有的心理特征，给孩子做一个好助手。建议父母不要光顾着为孩子选一条好的出路而忽略了其心理健康，要注意给他们宽松、民主的学习环境，也要注意疏导他们的情绪，培养坚强的意志品质。告诉孩子，即使走上了工作岗位，人生也不是一帆风顺的，没有不怕挫折、愈挫愈勇的精神，将来也很难干好工作。

重点培养对职业生涯的决策能力

九年级的职业生涯规划重点是升学与就业。因此，父母在培养孩子的职业生涯规划能力时要将重点放在决策能力上。虽然九年级只是初步的决策，但是对孩子以后形成决策能力很重要。父母可以利用双休日等时间，带着孩子去听听职业讲座，帮助孩子了解各种就业前景和招生信息；父母还可以和孩子一起收集一些职业信息，或利用互联网、电视节目等了解各行各业。但是，未来的路究竟该怎么走还是要多听听孩子自己的意见。

2. 选适合的高中还是顶尖的高中

九年级毕业后，孩子大多有下面几条出路：继续读高中、就读中等职业学校（简称中职）、复读、就业或创业、回家待业、出国留学，等等。其中，继续读高中，是大多数学生的选择。因此，从生涯规划的角度来看，为升入高中做准备，是大多数父母和孩子都要去做的事情。

应该升入重点高中还是普通高中？这个问题在很多父母眼里似乎是一个伪命题。多数父母心里会想：这不是废话吗？能升入重点高中的话，还有人愿意选择普通高中吗？

先看下面的案例：

海晓是一名高一男生。他在九年级时成绩中上等，当时为了选择高中颇费了一番脑筋。成绩中等的孩子不比成绩好的孩子，成绩好的孩子可以一心一意地向顶尖高中冲刺；成绩不理想的孩子，可以考虑考中职。而像海晓这样的中等生，似乎既可以往左走又可以往右走，到底该何去何从，海晓很纠结。

但是，海晓的爸爸妈妈特别希望海晓上重点高中。海晓的爸爸是一家科研机构的领导，身边不是博士就是硕士。海晓的妈妈是大学教师，周围也都是文化人。他们觉得如果海晓能上重点高中，就意味着有一条腿已经迈进了重点大学的门槛。另外，做父母的在亲朋好友面前也很有面子。如果大学教师的孩子连个重点高中都上不了，脸上实在是"不好看"。

于是，妈妈天天陪读，爸爸则到处找关系。终于，夫妻同心协力把儿子弄进了本市的重点高中，并且还过关斩将进了重点班。海晓也很高兴，虽然成绩中等，但是他比一些成绩比他好的同学还"幸运"！可是，进入高中后，海晓开始紧张起来，因为重点班实行的是"淘汰制"，每学期期末考试后都要淘汰一些成绩不够好的学生到普通班去，而把普通班成绩好的学生调整到这个重点班来。

从知道这些起，海晓就得了一种"怪病"：总想照镜子，越是要读书、写作业时，越控制不住地要照镜子。虽然是男孩子，但是海晓常备着一个小镜子，经常拿出来照。越看对自己越不满意，觉得鼻子太大、嘴唇太厚、眼睛太小，有时甚至觉得自己的鼻子是歪的。有一次，在课堂上他实在控制不住要照镜子的念头，就偷偷地拿出镜子照起来。结果，被老师没收了镜子，并且这件事还很快传遍了学校，大家都笑话他"变态"。再后来，海晓便不能集中精力上课，经常被要照镜子的念头折磨得头昏脑涨，眼睛发花，甚至精疲力竭。

海晓的"怪病"其实就是强迫症，其产生的根源是名校压力。依照海晓的成绩与能力，要进入本市这所重点高中几乎没有可能。但是，"神通广大"的爸爸让这件事变成了现实。在名校的重点班里，海晓的心理压力极大，他不想被淘汰，又特别担心自己在期末考试之后离开这个大家羡慕的好班。极度的压力导致焦虑，焦虑导致强迫症。海晓的"怪病"实际上是在缓解自己的心理压力。

从海晓的故事可见，父母帮助孩子选择高中也是有学问的，并非越顶尖的就越好。人与人之间的能力是有差异的，别人家孩子合适的学校、学习方法，到自己家孩子身上未必就合适。因此，选择什么样的高中也考验父母的教育智慧。

成长密码	具体表现
父母放下"名校情结"孩子才能轻装上阵	◇如果父母能放下"名校情结"，顺其自然，与孩子一起努力，也许孩子可以凭自己的能力考上名校 ◇在父母与孩子共度中考的过程中，还会促进两代人建立更和谐的亲子关系
"跳一跳，够得到"的学校更有利于孩子的成长	◇对高中的选择要理智，并非名校就是最好的目标 ◇能让孩子有发挥潜能的余地，让他通过一定的努力就能够学得好的学校，才最适合孩子，才能让孩子有可持续发展的能力
明智的选择依靠准确的定位	◇名校有更激烈的竞争和更大的压力 ◇要帮助孩子选择合适的学校，最重要的是准确评估与定位，了解和客观评估孩子的学习能力、反思能力、理解能力以及抗挫折能力等

不拔苗助长为孩子选名校

名校不是不能选，而是要理智地去分析孩子到底是否适合名校。多元化的时代一切都没有定局，即使孩子考不上重点学校，未来的人生道路也并不是悲催黑暗的，父母不要用拔苗助长的心态赶鸭子上架，非要孩子上重点学校。父母的高期望如果变成了巨大的心理压力，则会使孩子更焦虑。父母摆正了心态，孩子的心态才能更好。

接受孩子的现实状况

每个孩子在学习上的能力是不同的，父母在分析、评估孩子能力的同时，也要学会接受现实。为人父母，谁不希望自己的孩子棒棒的呢！但是，学习非一日之功，差距不是一天形成的，也不是一天就能赶上去的。因此，如果您的孩子在班级只是中等水平，或者中等偏下，甚至成绩很不理想，无论是哪一种情况，父母都要接受现实，用平和的心态鼓励孩子，和孩子一起寻找方法、一起加油。父母不要怨天尤人，不要埋怨孩子不努力不用功，更不要唠唠叨叨、骂骂咧咧。

给孩子留一点儿上升的空间

北京市有一位妈妈，她的女儿在中考时获得了好成绩，超出了北京两所顶尖学校的录取分数线。但是，这位妈妈和孩子当时选择的是报考本校的高中。这所高中只是北京市一所普通高中。录取结果出来后，同事、朋友都为孩子惋惜，还有的人直言不讳地问这位妈妈"后不后悔"。但是，这位妈妈很坦然地说："我们当初并非不敢报、不能报，而是不想报。当然也没有什么可后悔的。"女孩的父母在中考之前与她一起分析认为，女孩并不属于"牛蛙"，也不是那种特别用功的孩子，按九年级的多次考试成绩看，冲击顶尖名校虽然有比较大的把握，但是这对父母不想让女儿在高中承受巨大的压力，也不希望女儿把所有的时间、精力都用在高中三年的拼搏上，他们希望女儿在高中时能"学有余力"。在本校上高中，上下学很方便，学校里的氛围比较自由、开放，这样的环境更适合孩子的全面发展。女孩自己也有相同的愿望，希望能在本校高中就读。因此，父母尊重了孩子的意愿。相信这样的选择会使女孩在高中三年里既过得快乐又学得快乐。

适合的才是最好的。这位妈妈把她陪伴女儿中考的经历写成了一本书，书名是《陪伴孩子轻松走过九年级》。从书名即可看出，轻松是父母与孩子的共同追求。九年级只是人生长河中短暂的一年，父母和孩子不仅要过好九年级，还要轻松地过好九年级。因此，给孩子留一些余地，让他们有一些上升的空间，更有利于孩子高中的学习。

3. 成绩不理想未来依然可以精彩

"如果考不上高中，我只能以死谢罪了！"小美的话听起来令人震惊。小美之所以产生这样悲观的想法，首先是她没有进行过职业生涯规划方面的学习，对自己没有准确的定位。其次，她这样想也是把读高中、上大学当成了人生必过的独木桥。如果父母能帮助她了解现代教育的特点与趋势，或许小美不会有这么大的压力。

海部俊树是日本著名政治家，回忆中学落榜的往事，他说："至今仍记忆犹新的事情，对我来说是报考旧制中学落榜的事情，为难以形容的人生屈辱和挫折而万分苦恼，但母亲安慰我：'走吧！哭也没用。明天可以再去参加东海中学的考试嘛。'

"每当忆起当年对母亲那双粗糙的手的感触和好像被从地狱中救出来的心情的时候，我都提醒自己要加倍珍惜来自母亲的关怀，感激之情，永志不忘。我的少年时代是贫穷的，但通过这些体验和经历，我懂得了许多东西，如什么是心心相印的母子（或父子）情，作为孩子应逐步学会什么，必须听长辈的话，等等。"

对孩子来说，给他一个新的出路，就仿佛"被从地狱中救出来"。如果孩子的成绩不够好，父母也要鼓励孩子另寻出路。很多事实告诉我们，成绩不理想，人生依然可以很精彩。

就读职业学校就是一个很好的选择，尤其是对那些动手能力强、实践能力强的孩子，更适合到职业学校读书。因此，父母有必要和孩子一起了解一些中等职业学校的特点及优势，为孩子的未来多找一条出路。

成长密码	具体表现
国家正在大力发展中等职业技术教育	◇《国务院关于大力发展职业教育的决定》《国务院关于加快发展现代职业教育的决定》《现代职业教育体系建设规划（2014-2020年）》等文件的相继出台，意味着中等职业技术教育将获得更多的政策与资金的支持
职业技术岗位将出现人才短缺现象	◇近几年来，中等职业学校的招生并不是很景气，招生人数不断下降 ◇几年后职业技术人才将面临短缺现象，很多需要实用技术的岗位缺少就业资源。如果父母和孩子能根据自己的情况做出理智选择，读职业技术学校一样非常有前途
中职生的平均就业率较高	◇要调整心态，摆脱"高不成低不就"的心理，中职生很容易获得就业机会，而且专业对口的可能性较大 ◇从专业上看，加工制作类、信息技术类、交通运输类、教育类、休闲保健类、财经商贸类专业都有着良好的就业前景
中职生可以走上升学"立交桥"	◇中职生可以继续求学，例如就读高等职业学校，参加成人高考等，中职与高职之间的升学"立交桥"已经得到拓宽，只要肯学习，机会越来越多

小贴士

在第一产业就业的占直接就业人数的 10.87%；在第二产业就业的占 32.93%；在第三产业就业的占 56.20%，比例仍在一半以上。从专业大类来看，加工制造类专业毕业生数、就业人数、就业率均居首位，就业情况最好，就业率达到 97.30%；其次是信息技术类，达到 96.85%；交通运输类、教育类、休闲保健类、财经商贸类的就业率都在 96.23% 以上。

——摘自《中国教育报》《2015 年全国中等职业学校就业率达 96.3%》

充分利用资源了解招生信息

父母可以带着孩子多了解一些关于中职招生的情况，如分数线、专业、就业前景、未来继续进修的机会，等等。在各地的招生网站上、学校的介绍中一般都会有类似的信息。父母还可以鼓励孩子去访问已经毕业的师哥师姐，甚至带着孩子到心仪的学校去走一走看一看，早了解情况，早做准备。这样，孩子感觉有出路，未来有希望，情绪就不会悲观。

专业选择要尊重孩子的意见

孩子的未来应该由他自己做主。在孩子的升学问题上，父母要多给其信心，多给其信息和资源，但最终的选择权还是要交给孩子。有的父母对上高中有"执念"，上不了重点高中上普通高中，上不了普通高中上民办高中。虽然也给孩子介绍职业学校的信息，但是内心里还是只想让孩子上高中。如果孩子有就读职业学校的愿望，父母也要尊重。当孩子选择了他喜欢的学校与专业，他会更有发展后劲。

专业选择要有长远眼光

不仅在学校选择上尊重孩子，在专业的选择方面，父母也要尊重孩子，不要盲目跟风。有些当前被广泛认可的热门专业，到孩子就业时未必还是热门专业，父母和孩子要有长远眼光。父母要做好"信息员"和"服务员"，多帮孩子收集一些学校信息，多陪伴孩子去咨询、了解。

不要丧失对孩子的信心

当前教育的发展越来越重视个体潜能的开发，为每个学生创造不同的成长机会。孩子在初中阶段的学习虽然暂时落后了，但是父

母不要因此对孩子灰心。有的孩子只是成熟晚，或者对学习开窍比较晚，父母要真心相信孩子，只有父母对孩子不丧失信心，孩子才能对自己的未来有信心。

对未来进行再规划

有的孩子看到身边的同学上了高中，而自己只能选择职业学校，无论从面子上，还是心理上，或许会感到对前途少了一份信心。父母要和孩子一起对长远的未来进行再规划，不要只看到眼前的学校选择。例如，可以和孩子聊聊就读中职以后的安排，如何在专业上出类拔萃，怎样选择好的就业单位，是否可以升入高职，或者准备成人高考。在终身学习的社会里，学习机会无处不在。只要相信自己、不断努力，功夫一定不负有心人。

4. 慎重选择留学或国际班

　　第3节开头提到的小美，那个说自己考不好只能去死的女孩，也曾经多次谈到出国留学，语气里都是艳羡与遗憾。她说：

　　"我们家的经济条件和当地的一些同学比还行，但是和大城市里的孩子不能比。城里的一些孩子在高中时都选择了出国留学，而我们是一些刚一起跑就输在起跑线上的孩子。上学期，我的一个好朋友跟我说她高中时要去英国读书，我还偷偷地哭了好几次。我们俩是网友，她在上海读书，家里有钱也有房子。她说她爸妈打算卖掉家里的一套小房子给她去留学。她还说她们班里差不多有三分之一的同学高中时会出国留学。听到这些消息的那几天，我都没心思学习了，觉得自己命不好、没前途。

　　"我也跟我爸妈透露过她的情况，说我有一个好朋友要出国留学了。我妈没说话，就是一直叹气。我爸刚开始也不说话，后来可能是被我说烦了，就说：'人家是人家，你是你，别人家干啥你也要干啥。你能在咱这县城读好书，将来一样考大学！'看着爸爸微驼的背，我也不敢再说什么了。可是，要说我心里不难受那是假的，人与人怎么就这么不公平，有的人一生下来家里就有钱，就能让他出去留学，有的人还要为学费发愁。"

初中就开始为高中出国留学做准备的现象，在一线城市的学校里尤其突出。有的孩子从七年级就开始准备考托福，甚至由父母带着去香港考试。一些孩子因此受到影响，要么感到学习的劲头儿下降了，要么感到心里动摇了。

近几年来，初中生出国留学进入了高速增长的时期。2016年教育部发布的《2016年基础教育发展调查报告》显示，小留学生已经成为出国留学增长的引擎，有越来越多的家庭选择让孩子初中毕业后出国留学。以赴美留学为例，调查报告里的数据显示，与本科留学生相比，中国在美国就读中小学的留学生人数增长迅猛，从2004年到2013年的10年共增长了62倍。截止到2015年11月，在美就读中小学的中国留学生已达34578人，占全美该阶段国际学生总数的52%，位居第一。不仅如此，在国内读书的学生，也有一些人选择了国际学校或公立学校的国际部。以著名的人大附中为例，从2013年到2016年，国际班的招生分数线持续上扬，分别为503分、520分、535分、545分。此外，像北京四中、101中学、北京八中、北师大附中、首师大附中、八一中学等学校国际班的分数线也呈现逐年上升趋势。

孩子初中毕业后到底该不该选择出国留学呢？一些父母感到很困惑，不知道应该如何选择。依笔者看来，出国留学还是要因人而异。父母与孩子要综合考虑孩子的特点及家庭的情况，慎重选择。

成长密码	具体表现
出国留学对生活能力有极高的要求	◇初中毕业生生活习惯尚未完全定型，独自到陌生的环境去读书，对生活能力是极大的考验 ◇如果孩子缺乏一定的生活能力和自我管理能力，缺乏自律性和抗挫折能力，甚至自我保护意识与安全意识不强，那么独自出国学习将遇到极大困难
出国留学对心理素质有极高的要求	◇孩子在心理素质上、意志品质上还未完全成熟 ◇处于青春期，已经面临很多的变化与困惑，再加上新生活带来的心理冲击，孩子是否能冷静应对，是父母和孩子需要仔细衡量的
出国留学对人际交往能力有极高的要求	◇由于文化背景、国别地域、生活习惯等方面的差异，孩子在人际交往方面将遇到更大的困难 ◇有的孩子因为不能适应新环境，缺少朋友，不善交往，因此在国外迷恋网络游戏，甚至上网成瘾
出国留学对学习能力有极高的要求	◇国外的教学方式和国内有较大不同，对学生的学习能力与素质的要求也与国内不尽相同 ◇九年级孩子的思维能力正在成熟，学习能力尚不够完善，考查孩子在思维方式和学习能力方面是否能适应国外学习也是特别重要的一个方面

小贴士

根据美国国际教育协会发布的《2016 年门户开放报告》透露的数据，2015/2016 学年中国依旧是美国最大的留学生生源地（中国已连续 7 年是赴美留学最大生源国），与上年同比增长 8.1%，达到328247 人，占美国留学生总数的 31.5%。

——摘自教育部《2016 年基础教育发展调查报告》

在日常生活中充分考查孩子的能力

生活能力、学习能力、人际交往能力、自我管理能力、变通能力、心理素质等，都是小留学生出国必需的重要素质。要想孩子适应国外的留学生活，上述能力缺一不可。父母平时应在生活中考查孩子的这些能力是否足够强。孩子的能力越强，到国外读书越能更好地适应。

父母不要轻易跟风

高中生出国留学，要适应的方面有很多。比如，社会环境、思想观念、生活习惯等，留学生活并非一些留学中介宣传的那么美好顺利，期间将会遇到各种各样的问题。孩子想出国留学，受父母影响较大。很多孩子都说先是父母经常在家里谈论同事、邻居的孩子出国留学，言语中很羡慕。孩子也因此受到很大影响。父母不要轻易跟风，对孩子的留学问题要想周全了再与孩子谈。

不要把留学当成缓解压力的捷径

九年级面临中考，孩子和父母都面临着很大的压力。面对压力，一方面要增强抗压能力，另一方面要用科学的学习方法和生活习惯来缓解压力。国外的教育体系更灵活，也更个性化，在国外的学习对中国学生来说压力往往比国内还大。把留学当成逃避压力的捷径，非但不能真正解决问题，反而会使孩子对未来的生活缺乏思想准备。因此，如果打算出国留学，心理上要先做好准备。

提前为出国生活做准备

如果父母与孩子经过综合的、慎重的考虑，已经决定要出国留学，那么就要充分做好准备。就读国际班或国际学校的孩子，意味着有更多的准备时间，毕竟还没有远离父母和家乡。这时父母未雨绸缪，多培养孩子的生活能力、创新能力、自我管理能力等，为出国留学打下良好的基础。

回顾与思考

1. 您的孩子有自己的未来职业规划吗？和孩子一起讨论一下具体的目标。

2. 假期时，您是否会帮助孩子找一个适合他的实践岗位？

3. 您和孩子是否一起了解过附近高中或职业学校的情况？

4. 您和孩子一起讨论过留学问题吗？

5. 您是否了解孩子各方面的能力？

8

跨越“小我”的
生命新高度

1. 初中是责任感养成的关键期

　　一位名叫吉埃丝的美国记者，有一天来到日本东京，她在奥达克余百货公司买了一台唱机。售货员彬彬有礼、笑容可掬地特地挑了一台尚未启封的机子给她。然而回到住处，她拆开包装试用时，才发现机子没装内件，根本无法使用。吉埃丝火冒三丈，准备第二天一早即去百货公司交涉，并迅速写了一篇新闻稿《笑脸背后的真面目》。

　　第二天一早，一辆汽车赶到她的住处，从车上下来的是奥达克余百货公司的总经理和拎着大皮箱的职员。他俩一走进客厅就俯首鞠躬、连连道歉，吉埃丝搞不清楚百货公司是如何找到她的。那位职员打开记事簿，讲述了大致的经过。原来，昨日下午清点商品时，售货员发现将一个空心的货样卖给了一名顾客，便将情况报告给总经理。此事非同小可，总经理马上召集有关人员商议。当时只有两条线索可寻，即顾客的名字和她留下的一张美国快递公司的名片。据此百货公司展开了一场无异于大海捞针的行动。这期间共打了35个紧急电话才找到她。职员说完，总经理将一台完好的唱机外加唱片一张、蛋糕一盒奉上，并再次表示歉意后离去。吉埃丝的感动之情可想而知，她立即重写了新闻稿，题目就是《35个紧急电话》。

这是一个关于责任感的故事。九年级了，在很多父母看来这一年学习最重要，然而初中也是培养责任心的关键期。有责任心的孩子才会走得更远，也才能超越"小我"，到达更高的生命高度。

成长密码	具体表现
初中生特别渴望被赋予责任	◇初中生由于自我意识增强，他们特别想展示自己的能力，想表现自己能行的样子，因此他们的内心深处是渴望责任的
责任心强的孩子学习习惯更好	◇缺乏责任心对孩子的成长极其不利。缺乏责任心的孩子不仅难以成为合格的公民，难以尽到公民的社会责任，也难以对自己负责 ◇如果孩子的责任心较强，他首先会对自己负责，在学习上也会更加努力和认真
支持型的家庭更易培养责任心	◇如果父母经常给孩子鼓励，对孩子的一些积极的探索行为给予支持，能用民主的方式养育孩子，孩子的责任心更强 ◇如果父母给孩子过度的保护，孩子缺乏独立的机会，或者孩子经常被批评、指责，他们就会退缩到自己的世界里去，或者干脆躲到父母身后，不想再尝试，更懒得负责
初中生对责任的理解水平还需要提高	◇其认知水平尚在发展，认识问题、思考问题还存在不稳定的特点 ◇九年级学生对责任心的态度也是积极与消极并存的
责任心强的人更受社会欢迎	◇敢于承担责任、有强烈责任感的人在生活中更受人欢迎，也能更好地在社会上立足 ◇某些"精致的利己主义者"容易"聪明反被聪明误"，成为不受他人或集体欢迎的人

"精致的利己主义者"一词由北京大学中文系钱理群教授首先提出来。他说:"一己利益成为他们言行的唯一的绝对的直接驱动力,为他人做事,全部是一种投资。所谓'精致'指什么呢?他们有很高的智商,很高的教养,所做的一切都合理、合法、无可挑剔,他们惊人的世故、老到、老成,故意做出忠诚姿态,很懂得配合、表演,很懂得利用体制的力量来达成自己的目的。"

在生活细节中培养责任心

日常生活看起来琐碎,却是培养孩子责任心的基本途径。例如:虽然九年级学习任务重,仍然让孩子承担固定的家务劳动;爸爸妈妈生病了,让孩子陪着去医院,或者给父母端茶、倒水、做饭;邻居家遇到困难,可以带着孩子一起去帮忙。这些看起来细小的事情,可以潜移默化地把责任心的种子植入孩子的心灵。

让孩子了解真实的生活

很多父母出于对孩子的一片爱心,常常为孩子营造出美好的生活环境,让孩子吃得好、穿得暖,并不告诉孩子父母为此付出的辛劳。但是,在一片祥和中,孩子也丢失了责任心和感恩心,甚至还会对生活不满意，总觉得自己家不如同学家，自己的生活不如同学的生活。九年级的孩子完全有能力了解真实的生活，也应该了解父母为他的生活所付出的一切。

某杂志曾刊登了张俊杰的一篇文章，读起来深有感触。文中的小男孩不想读书了，爸爸的做法就是让孩子了解生活的艰辛。因此，笔者在这里占用一些篇幅将这篇文章介绍给各位爸爸妈妈们。您不妨和孩子一起阅读一下。

男孩终于鼓起勇气向父亲坦白了自己的想法："我要退学，我一天都不想在教室里待了，我一进学校就烦！"男孩想，父亲会揍他一顿，至少会骂他个狗血淋头。奇怪的是，父亲非但没有揍他，甚至连骂都没骂一声。父亲只是靠着门框蹲着抽烟，一支接一支，弄得满屋烟雾弥漫，如同战争打完硝烟弥漫的战场，宁静而可怕。

终于，父亲吐出一口烟雾，重重地说了声"好吧"，然后就上床睡觉了。简短而有力的话语，如一块石头在男孩的心窝上砸了一个坑。男孩知道，父亲默许了，默许得很沉重，让男孩想反悔都反悔不起。

尽管如此，男孩还是很庆幸，少年的恐惧是很快就会被胜利的喜悦冲淡的，终于不用上学啦，不用早起啦，男孩想。但男孩想错了，第二天天刚亮，父亲便喊男孩起床。出门前，将男孩母亲平时用的锄递给男孩说："你不上学啦，以后就别让你娘下田啦。"

那时，麦子刚收割完，天气干燥，田里极旱。父亲说："锄第一遍麦茬地很关键，锄好了整个夏天都不会长草。"于是，男孩便跟在

父亲的背后锄地。不干活时男孩怎么也不会想到，麦茬地比柏油路还硬，不动脑筋的活并不好干。第一天下午收工，男孩手上磨出了好几个晶莹剔透的水泡，手心像是着了火，生疼。第二天下午收工，男孩的双手已经麻木。夜里一觉醒来，手皮发紧，手腕发酸，连拳头都握不住了。

　　第三天早起，男孩伸出肿胀的双手让父亲看，希望能引起父亲同情放自己一天假，哪怕不放假夸自己一声也好。但父亲看了看说："刚开始干农活都这样，慢慢就好了。"父亲将"农活"二字咬得很硬，目光像钉子，声音如冰雹，冷漠而坚定。母亲在一旁看着这一切，想上前说话，但她观察了好几次父亲的脸，终于没有说出来。

　　第一遍地锄完了。男孩想，终于可以松口气啦。可是丢下饭碗的父亲抬起头看了看西边的红霞说："准备浇地吧，看来一段时间天都不会下雨啦。"天旱河水也紧缺，河经常断流。白天浇不完，夜里不得不睡在河边等水。男孩迷糊着惺忪的睡眼来到西边地头，离地头不远处有一座坟，坟上堆着干燥的麦秸。月光皎洁，水流泛动着月光，离坟还很远。男孩便坐在坟上等水，等着等着不知不觉就躺下了，连日的疲劳铺天盖地地袭向男孩……当夜，男孩病倒了，发高烧，说胡话。

第二天醒来时，母亲坐在床边抓着男孩起泡的手流泪。见男孩醒了，母亲说："你昨夜发高烧，不停地说胡话，说什么我明天还要上学，娘你早点喊醒我，别让我迟到……"男孩一听，大哭起来。其实，男孩几天前就后悔了。饭桌上，父亲说，想上学可是你自己说的，要上就得上出个名堂，不准再打退堂鼓。这一次，父亲的话多了点，声音沉重而坚定，不容商量。

两年后，男孩考上了县里的高中。三年后，男孩考上了大学。临走前一天的晚上，一家人坐在饭桌旁说闲话，无意中又提到这件事，母亲说："你爹的心真硬。"父亲抽了两口烟，长出一口气，说："哪个当爹的不疼自己的儿子呀。"

那个男孩就是我，那年我 14 岁。

父母要向后退一步

责任心的养成要从自己开始，要先学会对自己负责。九年级的学生要对自己负责的事情有很多。例如，对自己的学习负责，认真完成老师布置的作业，用严谨的态度对待各科学习，作业不抄袭，考试不作弊；对自己的身体负责，按时作息，保持健康的生活方式，少吃不健康的零食，不熬夜上网玩游戏；对自己的错误负责，做错事情主动认错，及时改正错误……父母要做的就是退一步，少包办代替，少批评指责，多鼓励孩子和支持孩子。

小贴士

"每一个人都应该有这样的信心：人所能负的责任，我必能负；人所不能负的责任，我亦能负。如此，你才能磨炼自己，求得更高的知识而进入更高的境界。"

——亚伯拉罕·林肯

多赋予孩子参与的权利

责任与权利密切相关。当我们说到一个人应该负什么责任时，往往意味着他首先具有某方面的权利。没有无责任的权利，也没有无权利的责任。父母想让孩子有责任心，就要多给孩子参与的权利，允许孩子多参与家庭的决策，多表达他们的想法。同时，孩子还要参与自己的生活，为自己的生活做主。如果父母把什么都安排好了，什么都"不用你管"，孩子自然也缺乏责任意识。责任的培养是孩子的人格全面发展的必由之路，当孩子有责任心了，也就意味着他真正长大了，他的生命也因为责任而熠熠闪光。

2. 懂得尊重才能懂得爱

一次，笔者请一名外国朋友吃午饭，还专门为她点了一盘饺子。中国有句古话，"上车饺子下车面"，她要离开中国了，自然要吃饺子给她送行。席间服务员端上了热气腾腾的饺子，笔者赶紧用公筷挑了两个放在她面前的盘子中。她一直说着"thank you"表示感谢。笔者又问她："要来一点儿醋吗？"她摇头表示不要。可是，在我看来吃饺子怎么能不加点儿醋呢？于是我还是忍不住给她盛了一小勺醋倒在了她的碟子里。她笑了，无奈地摇了摇头，还开玩笑说："您这是在强迫我吃醋啊！"当时的情境让笔者有些尴尬。我醒悟过来，是我没有尊重她的意愿啊。

生活中常有这样的现象发生。我们认为自己是为对方好，却没有尊重对方的喜好。因此，为对方好反而成了不尊重的表现。在家庭教育中，这样的现象更是常常以爱的名义发生。

新家庭教育倡导的一个重要原则就是尊重生命。尊重生命意味着尊重规律，尊重人与自然的本来需要。长期以来，我们更多地强调"爱"，我们教育孩子要爱自己、爱他人、爱集体、爱国家，各种教育理论也一直在引导父母们如何去爱孩子。但是，我们很少告诉孩子去学会尊重。因此，有的爱让人痛苦，有的孩子会说"爸爸妈妈太爱我了，爱得我都想去死"。等孩子长大了，他们不善于尊重同伴的需要，不习惯尊重伴侣的隐私，不懂得尊重同事的想法。爱变成了束缚，爱得很僵硬，让对方不舒服。这样的人在生活中难以感受到幸福，更谈不上生命的新高度。

成长密码	具体表现
尊重是当代社会重要的精神品质	◇尊重是合作沟通的前提，很多现代社会需要的良好习惯与品质，都是从尊重派生出来的 ◇懂得尊重的人更受欢迎，更容易摆脱孤独感和疏离感，这也从根本上拓宽了生命的宽度
尊重体现在生活的细节里	◇尊重并不是多么高深的理念，也不仅仅是一种美德，它还是一些具体的行为，甚至是生活中微小的细节 ◇点点滴滴的小事都能体现出人的素养与精神高度
尊重的核心是尊重规律与科学	◇真正的尊重是尊重孩子的成长规律，喜欢他们身上具备的优点，也包容他们身上存在的不足 ◇尊重是孩子成长的营养，父母给孩子尊重，孩子才能学会尊重
尊重是爱的底色	◇成人在培养孩子热爱生命、对生活抱有热情、热爱集体和国家时，要先给孩子尊重，要教会孩子去尊重 ◇要引导孩子学会爱，先引导他们学会尊重
父母给孩子的尊重促进孩子独立	◇父母在日常生活中尊重孩子，孩子才会学到父母的做人、做事方式，才会用谦卑的态度去对待他人，尊重他人的想法与需求 ◇懂得尊重的父母也最让孩子喜欢，尊重不仅仅指尊重隐私，还包括尊重孩子的自主性，让孩子敢于去尝试，不怕孩子犯错

小贴士

上海市少年儿童研究中心进行调查："你认为好父母的标准排名是怎样的？"上海市6000名中小学生给出答案："尊重隐私"以63.1%占第一位，"给予结交朋友的自由"占第二位，第三位是"鼓励多于批评"，之后才是"注意成绩之外的其他优点"和"不要总吵架，拿孩子出气"等。

——摘自孙云晓、闫玉双《培养尊重好习惯》

父母要接纳孩子不如别人的方面

尊重的根本出发点是尊重规律。孩子的成长有自身的规律，父母的期待与孩子的成长之间或许存在差异。这时父母要特别注意不能急于求成，要接纳孩子不如他人的方面，用"三分教、七分等"的心态养育子女。这也许就是您的孩子独有的特点，他或许会比别人家的孩子发育晚，或许会不像别人家的孩子那么伶俐，又或许他还有些许的笨拙，这时父母给孩子的尊重、对他的信任与接纳会使孩子心态更阳光，他也会用豁达的心态去对待生活与他人。

让孩子听得进去"不"

有的孩子在父母长期的娇宠下听不进去别人的反对意见。在家里，爸爸妈妈对他几乎言听计从，他的想法、愿望绝大多数都畅通无阻地变成了现实。因此，孩子已经不习惯听到"不行""不能""不给""不对"等否定性的意见。尊重不仅仅是只尊重大多数人的意见，还要尊重少数人的意见，要听得进去别人说"不"。

培养孩子懂得尊重他人隐私的习惯

父母要培养孩子懂得尊重他人隐私的习惯。现代社会，人们很重视自己的空间权利，也很在意人与人之间的界限。父母应经常提醒孩子主动回避他人的隐私。例如：当同伴接电话时，不要凑到跟前去听；同伴生病了，只需去关心他，而不要一直追问到底得了什么病，除非对方自己愿意说。另外，在家庭里父母要主动尊重孩子的隐私，并让孩子知道爸爸妈妈也有隐私。父母不仅要尊重孩子的隐私，也要让孩子尊重父母的隐私。例如，不随意翻看父母的手机和背包。

让孩子在理解中成长

尊重与理解不可分离，没有尊重就难以很好地理解他人，缺乏理解的尊重也不是真正意义上的尊重。父母也要给予孩子更多的理解，例如，对孩子的情绪、烦恼、困惑等都要用理解的心情去对待。当孩子交了您不喜欢的朋友时，您是否理解孩子的情感？当孩子想养小宠物时，您是否理解孩子养宠物这一行为背后的情感需求？当孩子经常说"郁闷"时，您是否知道孩子的真实表达？父母给予孩子更多的理解，孩子就会用理解去回报爸爸妈妈和其他人；父母给予孩子更多的尊重，孩子也会获得更多的自尊感与正确的价值观。

不要总是夸孩子"你最棒"

生活中不少父母并不懂得欣赏孩子，总是用放大镜看孩子还有哪些不足与缺点，从而使孩子形成了压抑、自卑的性格，总觉得自己各方面都很差，自尊感很低。但是，也有一些父母习惯机械性地夸赞孩子"你最棒"。久而久之，孩子形成了眼中只能看到自己的进步与成功，看不到他人的优点与长处。别人如果比自己强，就会生气、嫉妒，甚至漠视。赞赏是尊重的重要方法，能看到别人的优点，懂得赞赏他人，才能更好地尊重他人。

3. 敬重规则有教养

培养孩子做一个有教养的人，是初中阶段特别需要重视的家庭教育内容。生活中我们常看到有的人虽然长得漂亮却不可爱，虽然成绩很好却不招同学喜欢，还有的成年人虽然位高权重却很低俗，还有的人学历很高却不文明……这些都源于教养。有教养的人，可能会被人微笑着请进门，没有教养的人可能会被人严肃地拒之门外。

但是，在这里笔者首先想和父母谈的是规则。让孩子懂得规则、敬重规则、遵守规则，孩子才能成为一个有教养的人。

2016 年、2017 年发生的两起老虎咬人事件至今想起来仍令人心惊肉跳：

2016 年 7 月 23 日下午，在北京八达岭野生动物园的东北虎园内，一家人在自驾游过程中，游客赵女士下车突遭老虎攻击，母亲为救她被老虎咬死，她的伤势也非常严重，经历了几次大型手术后才保住了生命。

2017 年 1 月 29 日下午 2 点左右，宁波某动物园发生一起老虎咬人事件。事发时虎山内有饲养员在喂老虎，一名男性游客越过隔离栏，跳进虎山内近距离逗虎时被一只老虎拖咬，其他正在进食的老虎看到后也围向被拖拽的游客。最终，这名游客因受伤过重，抢救无效身亡。

这是两起众所周知的因为没有遵守规则导致的伤亡事件，而且均发生在成年人身上。生活中，因为不遵守规则导致伤害的事件屡见不鲜，比如过马路不走斑马线、在人多的地方拥挤、酒后开车等，不遵守规则，不仅伤害了自己，也伤害了他人。

初中阶段正是形成规则意识的重要时期，遵守规则、敬重规则的人，更有教养，因此也会有更好的德行。

成长密码	具体表现
初中生特别爱挑战规则	◇初中生有着较强的叛逆意识，他们很想显示自己的特立独行与桀骜不驯，和成年人及小学生相比，更爱挑战规则
规则帮助孩子更好地成人	◇只有适应规则，遵守规则，才能在社会中生存 ◇遵守规则是一个好习惯，孩子遵守规则了，就意味着养成了各种好习惯，这可以使孩子更好地成长
规则帮助孩子更好地认识自我	◇认识自我是青春期少年非常重要的成长任务 ◇孩子们参照规则去做，能更好地把握自己，善待他人
高质量的生活离不开规则	◇我们都追求高质量的生活，希望每一天的生活更美好 ◇规则能更好地协调人与人之间的关系，提高我们的生活质量
遵守规则是成为好公民的必备素质	◇父母养育子女，不仅仅希望孩子能有好身体、好性格、好成绩，还希望孩子能成为好公民 ◇使学生具有人文素养，树立规则意识，增强公民意识也是国家的要求

成年人要先强化规则意识

规则不仅仅是给孩子定的，也是给成年人定的。要形成好的规则文化，父母和老师要共同遵守各种规则。父母遵守规则，既是给孩子做榜样，也是给孩子树立平等的理念。因此，在日常生活中，父母要注意遵守规则，敬重规则，让孩子感受到规则的力量。

请孩子参与到规则制定中

日常生活中的很多事情都可以通过规则的形式确定下来，例如合理规划电脑上网时间、分担家务劳动、积极参加社会实践、使用零花钱，等等。父母可以请孩子参与到家庭各项规则的制定中，既让孩子行使他对家庭生活的参与权，也使孩子在制定规则中积极思考，这样孩子既了解了规则又了解了规则背后的价值、理念。

形成"言行一致""知行合一"的好习惯

有的人谈起规则口若悬河、滔滔不绝，去做的时候却很难遵守规则，成了"语言的巨人，行动的矮子"。初中生在思维发展方面已经进入高峰阶段，但是在行动上往往自我控制能力不够。父母在培养孩子的规则意识时，要特别注意引导孩子形成"知行合一"的好习惯。

注意社会环境对培养规则意识的影响

社会环境对孩子的规则意识形成有较大影响，尤其是环境中那些不健康的、不遵守规则的行为，更容易使孩子受到影响。例如，当孩子看到有人不遵守公共秩序就能先坐上公共汽车、买东西不排队就能节省时间、托关系走后门就能获得利益时，他们心中的信念容易动摇。父母要注意这些不良因素的影响，在日常聊天中要敢于针砭时弊。把道理讲通讲透，相信孩子们都是愿意遵守规则的。

从规则意识到良好习惯

规则意识与公民意识、法律意识、责任意识密切相关。任何意识最终都要落实到具体的行为中。当我们谈到某人有教养，也是指他具有某种让人喜欢的好行为。例如，有理也对人礼让三分，经常微笑，对人有礼貌，主动避让别人的隐私，等等。所以，父母要注意在生活中把各种规则转换为具体的行为，从培养习惯做起去培养规则意识。

4. 警惕孩子的越轨信号

这是对一个少年犯的访谈：

上二年级的时候，我在村子里有四五个哥们，都是念书不好的，我们有时间就一起玩，但是需要钱。开始的时候，我跟家里要钱，但是要了几次，觉得太烦了，不如自己去拿比较好，就偷家里的钱。有一次偷了10元钱，被家里发现了，老妈打了我。以后，我就小心一些，没再被发现。后来偷家里的也很少了，三四年级的时候，我们哥们几个一起出去偷。开始的时候是偷偷摸摸的，到五六年级就开始抢劫。

一开始，家里都不知道我在外面的事情。但是到了五六年级的时候，他们看我和一些不三不四的人在一起，经常不回家睡觉，就知道我在外面搞三搞四的。

后来，我和比我大的一个人去打游戏，没有钱，他就建议去搞摩托车。这就是第一次，我学会了，第二次，我又带了两个人去抢了一部，后来又抢了两部。我们还抢过两次出租车。这次被公安发现是因为我们一个哥们在街上看到人家不顺眼，就捅了人家一刀，捉到后就供出我们几个人。

从上面的案例可以看出，孩子身上的一些不良行为其实早有端倪，但是父母没有及时纠正孩子的这些不良行为，最终导致了犯罪。

本章谈到了责任、尊重、规则，这些都是成为社会好公民必备的素质，也是使生命境界升华到新高度的阶梯。但是，中学生时期由于生理发展和心理发展的双重作用，容易出现一些问题行为。问题行为分为两种，一种是内化行为，一种是外化行为。内化行为是指情绪方面的困扰，如抑郁、焦虑等；外化行为是指对他人有伤害和破坏性的行为，如逃学、暴力行为、药物滥用、过早的性行为、加入帮会、打架、偷窃等。在这一节里，主要想和父母们谈谈类似上述案例中的外化问题行为，也就是通常所说的"越轨行为"。

成长密码	具体表现
未成年人的犯罪行为有规律	◇从表面看，未成年人犯罪有很多偶然性和突发性，因为他们的情绪容易冲动，自我控制能力不够 ◇孩子的犯罪意识不是一下子产生的，往往和家庭、社会等的影响有密切关系。从不当的价值观到犯罪行为，是一个逐步变化的过程
孩子的蛛丝马迹中隐含越轨征兆	◇孩子的言谈举止往往反映了孩子的心声及心理的细微变化 ◇"试卷代签字""装病""同学不喜欢我""我讨厌老师""真不想去上学了"，孩子的这些言行，是向父母发出的厌学信号，隐含越轨征兆
不良行为产生的原因大多在于成长环境	◇孩子的一些越轨行为产生，大多与他的成长环境有关系 ◇发现孩子的越轨信号后，父母要从孩子的成长环境找原因，细致分析，找到根源

越轨行为是指违反重要社会规范的行为。越轨行为具有相对性，即在这个群体中是正常行为，在另外一个群体中就有可能是越轨行为。例如，抽烟对成年人属于正常，对未成年人就是违反规范的行为。越轨行为包括：

违规行为——违反常规的行为，如逃学、旷课等；

违警行为——违反社会治安或公安秩序的规则、规定、条例等，如打架斗殴；

违法行为——违反法律规定的行为等。

孩子的一些不良行为在成为越轨行为甚至犯罪行为之前是有蛛丝马迹的，如果父母能注意到这些危险的信号，就有可能避免从小错酿成大错。因此，父母要警惕孩子的越轨信号，纠正家庭教育中的问题与隐患，及时化解不良行为。

发现问题后要先冷静分析

有的父母一发现了孩子的问题行为，就气不打一处来，先发火把孩子揍一顿，这样做很有可能反而把孩子打跑了。父母先要冷静分析孩子的问题产生的可能原因，和孩子有话好好说，也要听听孩子的解释。找到原因后再去因势利导。

严肃对待各种越轨信号

发现孩子的越轨信号后，父母要特别严肃地与孩子沟通，并且认真地处理这些还在萌芽中的不良行为。父母的严肃会给孩子警醒，让孩子认识到问题的严重性。尤其要认真对待第一次发生的不良行为，不能将错就错或者帮孩子隐瞒过去。该孩子承担的责任要由他来承担。但是父母要记住的是，严肃不是暴躁、责骂、体罚，而是认真地、语重心长地与之谈话，把问题彻底弄清楚。

处理问题行为与心理矫治相结合

孩子产生的问题行为，大多与其心理上的问题有密切关系。例如，孩子学习不如别人，就会产生"破罐子破摔"的心理，因此逃学或迷恋网络游戏。孩子在学校里缺少伙伴，就会产生孤独感，因此就想到社会或网络上结交朋友。而且，当孩子的一些不良行为被发现时，他也会产生一些心理上的冲击。例如，父母发现了他的小偷小摸行为，孩子会产生恐惧心理、逆反心理或无所谓心理等。父母在矫治他的不良行为时，也不要忽视了对他心理上的矫治，既要治标也要治本。只有双管齐下，才能尽快把孩子从迷途中拉回来。

始终让孩子感受到父母的爱与支持

即使孩子犯了错，有一些不好的行为，但孩子终究是孩子，爸爸妈妈和家庭永远都是他栖息的港湾。父母批评孩子、管教孩子的时候，也要特别注意始终让孩子有温暖的感受，不要让他感觉自己要被嫌弃、被抛弃了。孩子有了问题行为，并不意味着不可救药，父母要用充满希望的、相信孩子能改好的心情去帮助孩子，更不要给孩子"贴标签"，要给孩子改过的机会。

把规矩立在前面

父母除了不断学习、提升家庭教育素养外，还要把预防工作做在前面。父母要和孩子一起立规矩，教育孩子遵守规则。在家庭教育中要崇尚那些老实的、遵守道德规范的典型，不要认为"守规矩的人吃亏"。父母要从日常的行为规范入手，帮助孩子养成懂规矩、重规则的好习惯。

父母要了解孩子的成长规律及日常生活

青春期的少年需要独立，需要被肯定，因此父母要多给他们支持和尊重。同时，父母也要了解孩子的日常生活，孩子经常和谁在一起，大多去什么地方，经常干什么，等等，不要因为孩子大了就不管不问。只有了解和尊重孩子，才可能教育好孩子。

回顾与思考

1. 为什么说要在家中给孩子设立一个责任岗？您的孩子有责任岗吗？

2. 与九年级孩子发生矛盾时，您在向后退一步方面都做了哪些努力？

3. 总结一下在生活中您尊重孩子的特点与规律的做法。

4. 您的家庭中是否有一些明确的生活规则？孩子是否参与制定规则？

5. 您是否了解九年级孩子出现问题行为时的一些信号？

第 九 章

你问我答

9

1. 孩子生病了还要不要去上学呢？

孩子身体不太好，进入九年级老生病。生病了还要不要去上学呢？不去怕耽误功课，去了怕身体吃不消。

九年级学生的功课确实很重要，父母担心孩子不去上学会影响学习进度跟成绩，心情是可以理解的。有些父母虽然告诉孩子要好好吃饭、保证身体健康，但是当与孩子的学习撞车时，却选择了放弃健康，保住学习。尤其是在父母看来孩子生病就是一些头疼、发热、肚子疼等小病时，更认为可以坚持一下。有的父母让孩子带着药到学校吃，认为不管怎样孩子听一点儿是一点儿，总比在家待着强。

但是，从一生的长度来看，身体健康才是最重要的。如果父母只给孩子讲健康的道理，在孩子真生病时却不舍得让孩子在家休息，那么父母给孩子的健康教育是不真实、不可信的，孩子也会形成"身体健康不重要、工作学习才是第一位"的观念。相信父母并不希望孩子有这样的认识，毕竟一生很长，未来能健康工作五十年，比拼一时的努力、用功要有价值得多。其次，正是因为九年级学习任务重，九年级也是特别需要拼体力和精力的一年，小病不及时休息与及时治疗，容易酿成大病。如果因小失大耽误了中考，更加得不偿失。网络上曾有这样的报道：一个到美国留学的中国学生，连续几天同学都没有发现他的踪影，电话无人接听，后来报警，当警察打开他的房门时，发现他已经死亡几天了。他保持着趴在书桌上看书的姿势，显然死亡的时候还在看书学习。经过尸检，才查明他是因为感冒，没有注意休息和治疗，引发了心肌炎，并发心功能衰竭死亡的。一个不起眼的感冒，却夺走了孩子的生命。因此，父母要用实际行动捍卫孩子的权利，当孩子生病时一定要让他好好休息，虽然耽误了一点儿功课，但是父母对孩子的关爱也会使孩子汲取更多爱的力量，相信他能够补上落下的功课。

2. 孩子害怕中考体育怎么办？

孩子对中考的体育比较发怵怎么办？为了逃避中考体育，想让父母给开一个假条该怎么办？

您提到的问题也有很多父母遇到过，面临中考体育测试时想打退堂鼓，是孩子考试焦虑的一种表现。

虽然各地的中考体育测试要求不尽相同，但是每个参加中考的孩子正常情况下都是应该参加体育测试的。体育测试的主要目的也是为了督促孩子在日常养成爱运动的好习惯。适当的体育运动能促进中学生的身体发育，同时有助于学生缓解压力、放松心情，因此父母要在平时多支持和鼓励孩子参加体育锻炼。孩子对中考的体育测试发怵，一方面可能是因为不了解体育测试的氛围和要求，自己又希望考出好成绩，因此越想越怕。另一方面，也与孩子平时缺乏运动有很大关系。如果平时对中考体育测试的项目都比较熟悉，得心应手，那么自然不会担心一次考试。如果孩子确实因病、因伤不能参加体育测试，父母和孩子一起到医院去开具证明是可以的，但如果是让父母开假条躲避体育测试，不仅会影响孩子最终的体育测试分数，而且会使孩子形成撒谎、逃避挑战的心态。父母应与孩子讲明体育锻炼的好处，平时多陪孩子一起运动，鼓励孩子保持擅长的项目，弥补不擅长的项目，在运动中要注意运动强度和时间安排，做到安全第一，运动以适时、适度、适量为标准。九年级的孩子伤不起，如受伤会影响学习进度与考试成绩。另外，父母也要和孩子一起用平常心面对中考的每一个科目，不仅体育如此，其他科目也如此。过于高期待会让孩子形成较大的心理压力，从而导致焦虑情绪，影响考场正常发挥。

3. 孩子九年级了，不让他上网可以吗？

孩子已经上九年级了，为了让他好好学习，我们家人都少上网或不上网。现在我是不是应该把电脑锁起来不让他上网了？

研究发现，父母越不支持孩子上网的家庭里，孩子越容易沉迷网络。这也是禁果心理在起作用，就是父母越不想让孩子做的事情，孩子越想去做。首先，在当今的互联网时代，网络是我们生活中的必需品，人们几乎天天都需要用到网络。如果父母因为孩子要学习就阻止他们上网，会使孩子与世界隔绝，与时代脱节。而且，相信父母的阻隔也起不了多大作用，孩子完全可以到网吧、同学家、餐厅等地方去上网，他们有千万个办法逃离父母的视线，脱离父母的管教。其次，正值青春期的孩子，由于其自我意识增强、逆反心理较重，本来与父母的关系就容易紧张，如果父母阻止他们上网，更容易激发孩子与父母的对抗，不利于和谐亲子关系的构建。第三，虽然很快会面临中考，在父母看来是人生大事的中考，在孩子心里也有很重要的位置，他们也会因此感到紧张、有压力。如果父母因为要考试了把电脑锁起来，只会加剧孩子的紧张情绪，并不利于孩子的学习与放松。因此，无论是现在即将到来的中考还是未来会到来的高考，父母都要用平常心去安排生活。您可以和孩子约法三章，制订上网计划，安排上网内容，既保证孩子玩好，又能鼓励他们学好。特别提醒一句，父母不上网并不是杜绝孩子上网的好办法，孩子上网不应该被"杜绝"，父母不上网只能加深父母与孩子的代沟，使代沟成了天堑。

4. 孩子学习"不在状态"怎么办?

孩子学习总是好像"不在状态"，每天也起早贪黑的，可是就是觉得他学习很"飘"，心定不下。如何让孩子的学习"在状态"?

孩子学习时感觉"不在状态"，一般有如下几种情况，父母要根据孩子的具体情况来帮助他们调整：第一种，孩子不能适应新进入九年级的环境，对新环境适应慢；第二种，孩子学习遇到困难，自己不知道如何克服这些学习困难，只能每天坚持着、硬撑着，但是身在曹营心在汉；第三种，孩子对学习缺乏兴趣，经常被老师批评；第四种，孩子在其他方面遇到困惑，他们缺少解决的办法。例如，与朋友吵架了，在上学放学路上遇到校园小霸王，与同学有矛盾……一些生活上的、心理上的困难得不到解决，也会使孩子有心事，看起来学习"不在状态"。父母要先了解孩子不在状态的原因，然后才能对症下药。其次，增强孩子的学习兴趣。兴趣来自成功的体验，父母要在孩子有优势的科目上下手，让孩子感受到学习的乐趣，并逐渐把对学习的信心扩展到弱势科目上去，从而对多数科目感兴趣。孩子有了兴趣自然有了"状态"。第三，学习需要有目标，有目标的人更在状态，升入九年级后父母要和孩子一起确立不同科目的努力目标，目标不宜过大，也不宜过小。总之，父母要先找到孩子"不在状态"的原因，然后对症下药。如果孩子不能适应新环境、新科目，可以与老师联系，请老师在不同科目上给予一些帮助。

5. 孩子偏科怎么办？

从上了九年级开始，孩子开始出现了比较严重的偏科现象。八年级时她的物理成绩还是不错的，到了九年级就跟不上了。给她买了课外书、报了课外班，书没少买，钱没少花，成绩依然上不去。我该怎么办？

　　偏科犹如一条腿走路，会给学习带来很大影响，父母和孩子的确需要特别重视才行。孩子物理偏科是从九年级开始的，八年级时物理成绩还不错，这说明孩子并非真正偏科，而是在八年级时的物理基础没打好。八年级刚刚开始学习物理，其内容较简单，以学习基础知识为主，到了九年级才开始逐渐深化与综合。因此，如果八年级没有把基础打牢靠，九年级时题目更综合更复杂，再加上其他科目的学习任务也越来越重，孩子就容易跟不上。因此，就您孩子的情况看，应该再回到基础上去，把八年级物理的基础知识弄明白、学扎实，九年级物理就会变得简单起来。也有的孩子，从一开始学习某个科目就出现偏科现象，这种情况可能与孩子的兴趣、个性、学习方法等都有密切关系，还有的孩子是因为不喜欢某个老师而不喜欢这个科目，这些偏科因素也需要父母注意。在目前这种状态下，您最需要做的就是：第一，帮孩子树立对物理的信心，调整好心态，不要因为物理成绩一时的下降而失去学习物理的自信与兴趣。第二，回到对物理的基础学习中去。九年级物理知识虽然更综合，题目更复杂，但是它也是由多个物理知识点构成的，对遇到学习困难的孩子，要先回到简单题目上去，逐渐增加难度。如果担心偏科严重，不断地增加难题，不仅无法提高成绩，还会使孩子丧失信心与兴趣。第三，在偏科的科目上不能用过多时间。有的孩子越偏科越想补上去，结果把大多数时间都用在短腿科目上了。短腿科目意味着孩子不擅长，在不擅长的事情上用过多时间，会让孩子烦躁、无趣、厌倦。因此，适度补课，逐渐加量，比恶补要好得多。

6. 孩子考试紧张怎么办?

我女儿平时学习挺好，可是一到考试就考得不好。孩子自己也特别紧张，总是患得患失，应该怎么帮她调整?

一般来说，对考试患得患失的人，要么是平时成绩比较好、对学习有较强的优越感、总是希望被表扬的孩子，要么是成绩中游，但是很有希望走向上游的孩子。您说孩子平时成绩挺好，可见她属于老师眼中的好学生、父母眼中的好孩子。好学生、好孩子在考试时经常考不好，说明孩子有很严重的考试焦虑情绪，因此才会表现出患得患失的心态。父母需要做的是帮助孩子形成对考试、成绩、排名的平常心。要做到这一点，父母先要在平时看淡成绩和排名，不要把孩子的考试成绩、排名什么的当作荣誉到处炫耀，如果孩子成绩好父母就得意扬扬，孩子成绩差父母就灰心丧气，无形中都会给孩子带来压力，使他们害怕考不好让父母失望。对孩子的进步不要以物质奖励为主，而要以精神奖励为主。例如，不要允诺孩子考好了给买手机、电脑等，而要表扬孩子的努力，给孩子精神上的赞赏。这样孩子不会因为物质需要对考试成绩过于看重。一旦孩子没考好，父母要多关注孩子的心情、方法、遇到的困难，平心静气地去帮助孩子。最后，父母自身要先放下考试焦虑心态，中考即将来临，面对孩子的第一个"人生大考"，父母过于紧张焦虑自然会无形中传染给孩子。不焦虑不等于无为，父母可以和孩子一起去找资料、了解升学信息、讨论报考学校的志愿等，做到心中有数，心情自然平复很多，不至于患得患失，影响正常水平的发挥。

7. 面临中考了，孩子字写得差怎么办？

据说字写得差影响卷面分数，怎么在短时间内改变写字差的问题？

考试卷面字迹太潦草，的确会让判卷老师识别起来很困难，既费时间又伤眼睛，还会影响老师的判卷心情，因此很有可能影响孩子的卷面分数。尤其是像语文、政治、历史等文字比较多的考试科目，卷面字迹对判卷的确会有影响。然而，字写得好看并非一日之功，要想在短时间内把字写得漂亮有些困难。虽然不能马上写得漂亮，但是可以努力做到卷面整洁。对判卷老师来说，并非一定要字体漂亮，只要干净、整洁、清晰，能让老师看懂孩子的答题，一般情况下就不会影响分数。因此，如果孩子暂时做不到把字写好，请您一定要训练孩子把字写清楚，写工整，让老师不需要特别辨认就能看懂。此外，现在有些考试已经开始电脑阅卷，如果孩子写字太小，电脑也难以辨认。父母要让孩子平时练习把字写得大小适中。有的孩子心急，生怕答不完，总想写得快，越着急字迹越潦草。有经验的老师曾经告诫学生们，答题速度主要与对知识点的熟练程度、思考速度有关，与书写速度关系不大。即使书写得慢一些，也不会太影响答卷速度。

8. 孩子九年级了，假期还能和他一起去旅游吗？

九年级学习太忙了，还能和孩子一起去旅游吗？我担心如果假期玩疯了，开学不能好好学习怎么办？

旅游是家庭成员之间共同活动的一个良好平台，如果时间允许、条件允许，父母一定要多创造与孩子一起旅游的机会。否则，很快孩子就长大了，他们可能更愿意与同伴一起游玩，与父母在一起的机会越来越少。当然，旅游只是一个形式，内容很重要。例如，去哪里旅游？旅游时间的长短？旅游过程中都做些什么？旅游前期的准备谁来做？这些才是父母要在其中渗透家庭教育的地方。如果时间少，可以选择郊区游、周边游、市内游等比较近的地方，可以采取双休日游、一日游、半日游等形式，也可以以主题为主来选择旅游路线，例如农业游、科技游、采摘游、健身游等。孩子已经九年级了，可以由他们来确定旅游路线，安排旅游行程，父母只需跟着孩子的脚步就好。

"疯玩"不仅是休闲娱乐，更是一种能力，是现代社会人类发展非常需要的综合素质。这里所指的"疯玩"不是指在家打游戏、看电视、玩手机等活动，而是指那些团体的、户外的、动感的活动。在家里进行的娱乐活动并不是不好，但是和户外的、动感的活动比起来，后者更符合孩子的成长天性，也更有利于锻炼孩子善合作、能应变、懂规则等各种当代社会必需的素质。在各种"疯玩"的活动中，孩子不仅强健了筋骨，锻炼了体魄，更多了朋友和伙伴，学会了遵守规则、与人相处、体谅他人、妥协变通……因此，如果父母能鼓励孩子在假期与同伴一起出游也是一种智慧的选择。

9. 孩子没有主见怎么办?

儿子已经九年级了，可是看起来跟女孩似的，做事一点儿也不果断，优柔寡断的，我担心他将来会没主见不果断，不像男人样儿。

孩子没有主见、优柔寡断，是很多父母都担心的事儿。在父母看来，孩子做事深思熟虑、能拿定主意，才是长大的表现。事实也的确如此。但是，九年级的孩子在判断力、果断性方面还未完全发展成熟。所谓果断性就是能够辨明是非、做出决定、执行决定的能力，果断性发展与人的智力发展、自觉性发展、抽象思维发展相匹配。九年级的孩子虽然不再像小学生那样对事物缺乏判断力，但是他们的决断力并未完全发展成熟，而且由于青春期荷尔蒙的分泌，孩子还容易冲动轻率，这也是父母认为孩子"长不大"的一种表现。当然，您所说的儿子看起来"跟女孩似的"这种现象的确不能小觑。如果儿子的果断性、决断力等和同龄孩子比确实比较弱，父母要检视一下自己的家庭教育，是否平时对孩子呵护有加、保护过度？如果父母为孩子包办代替太多，孩子缺少锻炼与独立的机会，他们自然较少有机会做主，那么遇到一些新的事情时孩子没主意也在情理之中。建议您鼓励孩子多参加集体活动、社团活动等，多与同龄伙伴在一起，让孩子在集体中承担责任、履行义务。经过一段时间的锻炼，相信孩子一定能变得独立、果敢。

10. 孩子缺乏毅力怎么办？

我女儿做什么事儿都虎头蛇尾的，很难把一件事从头做到底。即使做到底了，也是开始做得好，越往后做得越差。请问怎么改变孩子做事没长性、没毅力的毛病啊？

孩子做事虎头蛇尾，说明坚持性不够，缺乏毅力。一个人做事是否有长性，与下面几个因素有关：对所做的事情感兴趣程度、需要程度、目的是否明确、是否了解做事的意义、做事习惯等。因此，父母要观察一下孩子在做哪种类型的事情时没长性？是所有事情都坚持不下来，还是有些事情有兴趣、能坚持，有些事情没兴趣、不想做？有时候，如果孩子得到的任务太重，完成起来有困难，孩子就会没长性，不想克服困难去做。有些任务是孩子不感兴趣的，因此也难以主动克服困难坚持去做。父母了解了原因之后，一方面要根据孩子的需要与能力进行调整，让孩子做适合的、力所能及的事情，另一方面也要给孩子一些训练。长性是通过长期锻炼形成的，在每一次锻炼中，父母要想办法让孩子品尝到坚持的"甜头"，感受到坚持的好处，孩子自然愿意继续坚持下去。

11. 孩子不与父母沟通怎么办？

我女儿经常不回复我的微信、QQ，我发信息多了她居然还拉黑我。朋友圈更是早就屏蔽了我。孩子这样做我好伤心啊，而且我还很担心，不知道她整天都在干什么。

您提出来的问题实质上是父母与青春期子女沟通的问题，很多成年人也都遇到了类似的烦恼。互联网社交媒体的兴起，使父母与孩子之间的沟通多了很多机会，但是作为父母首先要了解青春期子女的心理，他们自我意识增强，不想什么都告诉父母，不想什么都让父母知道，如果父母因为沟通手段更便捷了便给孩子发很多微信、

QQ 信息，自然会引起孩子的逆反心理，所以孩子才会不回信息，甚至把父母拉黑，拒绝接收父母的信息。孩子的朋友圈屏蔽父母也是因为不想感觉"被监视"。有个初中生曾说过："我爸妈在家唠叨还不够，还把唠叨搬到了线上。从线下到线上，他们的唠叨声好像从没停止过，我们都这么大了，不想一举一动被他们'监视'，这种感觉很不好，现在我在朋友圈都'言不由衷'了。"

孩子大了有了自己的小天地，父母要坦然接受孩子的选择。孩子愿意给您看朋友圈，您就悄悄看一看，尽量少评价更要少批评。孩子不愿意给您看朋友圈，父母也不要强行介入，要让孩子有独立的心理空间。父母退一步，孩子才能进一步。要想让已经九年级的孩子更好地长大，父母远远地看着孩子成长就好。

12. 孩子长大了，跟他交流有什么好方法吗?

我是一位父亲，儿子长得比我还高，我就害怕单独和他在家待着，不知道说什么好啊! 我说什么他都一副不屑的样子，怎么孩子长大了反而不知道该怎么交流了?

青春期的孩子和父母的交流与儿时有了截然不同的风格。孩子小学时，父母与孩子的沟通以日常生活为主，孩子也比较愿意听父母的话。等孩子到了青春期，他们与父母的交流从日常琐事方面升级为精神层面，因此爸爸与比自己还高的儿子沟通时要改变方式与内容。孩子正值青春期，他们即将走向青年时代，自我意识明显增强，总是对大人表现出一副不屑的样子，是因为他们认为自己长大了，比大人懂得多。这时父母如果不能丰富与孩子沟通的内容，还把他们当成小孩子一样去管理、聊天，孩子自然不喜欢听，也不屑一顾。有的爸爸找不到与孩子聊天的话题，就会害怕与孩子待着家里。

建议您了解孩子的兴趣爱好及对哪些话题比较热衷，他们还有哪些烦恼与困惑，从这些方面与孩子展开沟通话题。如果父亲能把孩子当成朋友、大人一样去沟通，用平等、尊重、信任的态度与孩子沟通，相信孩子会喜欢的。

13. 单亲家庭孩子缺少父爱，沉迷网络怎么办?

我是一个单亲妈妈，儿子从小就跟我生活在一起，见爸爸的机会很少。最近我发现他上网的时间越来越多，我很担心他沉迷进去。我该怎么办呢?

您提出的问题包括两个层面，第一是单亲家庭如何处理孩子与另外一方的关系的问题，第二是孩子上网时间过多的问题。但是，这两个问题之间似乎又有交集。心理学的一些研究发现，孩子与父亲的关系如果比较生疏，或者父亲参与家庭教育较少，孩子网络成瘾的比例更高。与父亲的关系疏离的孩子，更可能缺乏社交技巧，在现实中与人交往更缺少应对策略。父亲对孩子的过度指责、拒绝、不信任或较少陪伴，孩子易产生社交技能差、与同伴关系不良、对生活各方面满意度差、出现问题行为等状况。孩子会转向互联网寻求感情慰藉。即使双亲家庭，也有孩子与父亲关系疏离的情况发生。

因此，无论是单亲还是双亲家庭，父亲都应积极参与到家庭活动中来。单亲家庭，孩子见父亲的机会少也是现实情况，夫妻双方虽然离异了，但是对孩子仍然要承担共同抚养的责任，如果有条件，建议您能多为孩子创造父子见面的机会，父亲的陪伴与母亲的陪伴毕竟不同。如果确实有困难无法经常见面，可以变换方式，采取适合九年级孩子的方法。九年级孩子并不需要父亲时时陪在身边，父亲能经常使用一些互联网社交媒体与孩子多沟通即可。通过电话、短信、微信、信件、视频等各种形式给孩子一些精神陪伴，了解孩子的心思，和孩子聊聊他们需要得到的帮助等，就是很好的陪伴方式。

14. 女儿喜欢"伪娘"怎么办？

最近女儿跟我说她喜欢"伪娘"，我上网一查才知道，原来"伪娘"都是男人打扮得跟女人一样，看着我就恶心。这是什么心理啊？会不会成为心理疾病呢？

您提出来的问题是青少年中流行的一种文化现象。百度上对"伪娘"的解释是"泛指一切通过人为手段（如女装、化妆等）让他人误以为是女性的男性角色"。网络上有很多这样的图片，伪娘拥有与女性相似的容貌、身材，通常他们穿着女性服饰或进行女性化打扮，他们看起来很美，甚至比普通女性还美。因此，一些高中生会喜欢看这样的形象。孩子有这样的喜好，父母要理智客观地去分析。

　　首先，孩子敢把这些想法告诉您，说明与父母的沟通很顺畅。父母要保护这种沟通的氛围与基础，不要因为孩子说的是一件父母认为不好的事情，就先把孩子批一顿。其次，要理解青春期女生特有的心理。女生因为受到严格的家庭教育，她们在青春期可能不敢公开去喜欢一个男生，或者认为喜欢男生是可耻的，但是青春期性意识的萌动又使她们有喜欢异性的需求，于是她们选择了一条中间的道路——喜欢"伪娘"，这种很像女人的男人。孩子的喜欢可能只是满足自我青春期的情感需求。再次，也有可能是为了获得同伴认同。如果同学、好友中有人经常谈论"伪娘"这个话题，孩子会为了获得同伴认可、在群体中有归属感而采取随大流、从众的做法。最后，也有的孩子有猎奇心理，既喜欢漂亮的面孔，又喜欢男生的内在，因此很想尝试与"伪娘"似的男生交往。从上面的分析可以看出，这并不是心理疾病，而是青少年中流行的一种文化现象。建议您可以耐心聆听，了解孩子的心理与想法，对孩子的这种心理倾向做适当的引导。过一段时间，也许孩子的这种喜欢就"灰飞烟灭"了。青少年期是心理性别强化的时期，一些社会因素、个体认知因素都会影响孩子性别认同的发展，父母也要给予关注，防止孩子形成性别认同障碍。

15. 中考后的暑假，孩子应该做些什么准备呢？

孩子即将开始暑假生活，暑假之后就要迈入高中校门。我想知道迈向高中之前的这个暑假孩子应该做些什么准备呢？

恭喜您，孩子就要初中毕业了！初中之后的这个暑假，真是让人期待的一段美好时光。孩子告别了初中生活，即将有一个崭新的开始。如果是之后要升入高中，那么这个假期的安排父母要和孩子好好设计一下，既给初中一个完美的句号，又给高中一个良好的开端。

首先，父母仍要重视这个假期，不可不管不问，可以和孩子一起来设计假期计划，或者以孩子的想法为主，父母把握方向，让孩子在假期得到彻底放松，如安排毕业旅行、社会实践、志愿活动或者全家度假等。此外，在假期也要为高中做一些准备，及时完成角色转变。在这方面，既要做生活准备，又要做学习准备。为高中生活做准备包括了解新学校的生活环境、常进行的学校活动、每天的上学路线，如果住校的话要了解学校对寄宿生的安排等；为学习做准备包括了解课程安排、学习特点、学期计划等。可以和已经进入高中的朋友聊聊，也可以在学校网站上了解。做好这两点，孩子才能有心理准备，从而顺利开启高中新生活。

主要参考文献

1. 贝克.婴儿、儿童和青少年［M］.桑标，等，译.上海：上海人民出版社，2014.

2. 本－沙哈尔.幸福的方法［M］.汪冰，刘骏杰，译.北京：中信出版社，2013.

3. 桑特洛克.青少年心理学［M］.寇彧，等，译.北京：人民邮电出版社，2013.

4. 法伯，玛兹丽施.如何说孩子才会听　怎么听孩子才肯说［M］.安燕玲，译.北京：中央编译出版社，2015.

5. 马卡姆.父母平和 孩子快乐：如何停止吼叫，与孩子建立理想关系［M］.刘海青，译.上海：上海社会科学院出版社，2014.

6. 邱，霍尔.家有玩主［M］.汤斌浩，译.北京：清华大学出版社，2010.

7. 孙宏艳，关颖.孩子健康生活的 6 个要领［M］.北京：北京出版社，2005.

8. 孙宏艳.改变孩子一生的 8 种教育智慧［M］.北京：旅游教育出版社，2010.

9. 孙云晓，郑新蓉.21 世纪教师与父母必读［M］.北京：北京出版社，1999.

10.孙云晓，闫玉双.培养尊重好习惯［M］.北京：北京师范大学出版社，2014.

11.许远理，李亦菲.情绪智力魔方［M］.北京：北京广播学院出版社，2000.

12.林崇德.中学生心理学［M］.北京：中国轻工业出版社，2013.

13.王意中.正面管教——从情绪管理开始，教出讲道理的好孩子［M］.北京：中国妇女出版社，2014.

14.钟思嘉，王宏，李飞，雨露.儿童时间管理训练手册［M］.北京：清华大学出版社，2015.

15.边玉芳.读懂孩子［M］.北京：北京师范大学出版社，2014.

16.徐宁.陪孩子轻松走过初三［M］.北京：北京联合出版公司，2016.

17.何一萍，李萍.让梦想起飞［M］.南京：江苏凤凰科学技术出版社，2016.

18.赵世俊，莫晔.中学生生涯规划（初中版）［M］.南京：江苏凤凰科学技术出版社，2012.

19.陈钱林.尊重教育新理念［M］.北京：人民教育出版社，2005.

20.雷雳，马晓辉.中学生心理学［M］.杭州：浙江教育出版社，2015.

后 记

　　《这样爱你刚刚好》是自孕期开始至大学阶段一套完整的新父母教材，全套共20册，0—20岁每个年龄段一本。之所以如此设计，是基于向不同年龄孩子的父母提供精准专业服务的需要。与常见的家庭教育图书相比，它不是某一位作者的个人体会和心得，而是40余位国内家庭教育专家集体研究和讨论的结晶，具备完整、科学的体系，代表了我国家庭教育发展的主流。

　　全国政协副秘书长、民进中央副主席、中国教育学会家庭教育专业委员会理事长、新教育实验的发起人朱永新教授，最先提出了编写如此庞大规模的新父母教材的设想，并且担任了第一主编。我和新家庭教育研究院副院长蓝玫一起，与中国青少年研究中心家庭教育研究所所长、《少年儿童研究》杂志主编刘秀英编审，中国青少年研究中心少年儿童研究所所长孙宏艳研究员和上海师范大学学前教育系主任、博士生导师李燕教授三位分主编，讨论并确立了本套教材的编写框架。

　　在中国的家庭教育领域，已经有多种多样的教材或读本，但水平参差不齐，而决定质量的关键因素是编写思想与专业水准。因此，新家庭教育研究院联合中国青少年研究中心和上海师范大学一起组建高水平的专业团队，来完成这一重大而具有创新意义的任务。具体分工如下：由上海师范大学学前教育系承担孕期及学前教育阶段的编写任务，由中国青少年研究中心家庭教育研究所承担小学教育阶段的编写任务，由中国青少年研究中心少年儿童研究所承担中学教育及大学阶段的编写任务。

中学阶段的作者是：七年级，中国青少年研究中心少年儿童研究所副研究员赵霞；八年级，中国青少年研究中心原特约科研人员、北京师范大学在读博士王丽霞；九年级和高一年级，中国青少年研究中心少年儿童研究所所长、研究员孙宏艳；高二年级，中国青少年研究中心少年儿童研究所副编审张旭东；高三年级，中国人民大学附属中学教师杨卓姝。

我与刘秀英、孙宏艳和李燕三位分主编担任了审读与修改任务，在我突患眼疾的情况下，蓝玫副主编、首都师范大学副教授李文道博士承担了部分书稿的审读任务。第一主编朱永新教授亲自审读了每一册书稿，并提出了细致的意见，承担了终审的责任。

湖南教育出版社在黄步高社长的坚强领导下，不仅以强大的编辑团队完成了出版任务，而且创办了一年一度的家庭教育文化节，为推进我国家庭教育发展提供了强大的学术支持，展现了优秀出版社的远见、气魄和水准。

作为一个从事教育事业45年的研究者，我撰写和主编过许多著作，却很少有过编写新父母教材这样细致而艰巨的体验：从研讨到方案，从创意到框架，从思想到案例，从目录到样章，等等。尽管如此，这套教材还存在很多不足。同时我也深知，一套教材的使命，编写与出版其实只是完成了一半，另一半要依靠读者完成。或者说，只有当读者认可并且在实践中发展和创新了，才是一套教材的真正成功，也是对作者和编者的最高奖赏。

我们诚恳希望广泛听取读者和专家学者的批评指正，我们对您深怀敬意和期待！

孙云晓

2017年9月

图书在版编目（CIP）数据

这样爱你刚刚好，我的九年级孩子 / 朱永新，孙云晓，
孙宏艳主编. —长沙：湖南教育出版社，2017.11（2022.4重印）
ISBN 978-7-5539-5740-1

Ⅰ.①这⋯　Ⅱ.①朱⋯　②孙⋯　③孙⋯　Ⅲ.①初中
生—家庭教育　Ⅳ.①G782

中国版本图书馆CIP数据核字（2017）第214045号

ZHEYANG AI NI GANGGANGHAO，
WO DE JIU NIANJI HAIZI

书　　　名　这样爱你刚刚好，我的九年级孩子
出 版 人　黄步高
责任编辑　易　武　李章书
封面设计　天行健设计
责任校对　任　娟　胡　婷
出　　　版　湖南教育出版社（长沙市韶山北路443号）
网　　　址　http：//www.hneph.com
电子邮箱　hnjycbs@sina.com
微信服务号　极客爸妈
客　服　电话 0731-85486979
发　　　行　湖南省新华书店
印　　　刷　湖南雅嘉彩色印刷有限公司
开　　　本　787×1092　16开
印　　　张　12.25
字　　　数　100 000
版　　　次　2017年11月第1版　2022年04月第3次印刷
书　　　号　ISBN 978-7-5539-5740-1
定　　　价　48.00元